Iniciação na fé

Dados Internacionais de Catalogação na Publicação (CIP)
(Câmara Brasileira do Livro, SP, Brasil)

Haenraets, Paulo

Iniciação na fé : preparação para a Primeira Eucaristia : 2ª etapa, Catequista / Paulo Haenraets. 3. ed. – Petrópolis, RJ : Vozes, 2013.

1ª reimpressão, 2018.

ISBN 978-85-326-2874-9

Bibliografia.

1. Catequese familiar 2. Primeira Comunhão – Estudo e ensino I. Título.

03-2128   CDD-264.36

Índices para catálogo sistemático:
1. Primeira Eucaristia : Preparação para o sacramento : Cristianismo   264.36

Pe. Paulo Haenraets

INICIAÇÃO na fé

Preparação para a
Primeira Eucaristia

2ª etapa
CATEQUISTA

EDITORA
VOZES

Petrópolis

© 2003, Editora Vozes Ltda.
Rua Frei Luís, 100
25689-900 Petrópolis, RJ
www.vozes.com.br
Brasil

Todos os direitos reservados. Nenhuma parte desta obra poderá ser reproduzida ou transmitida por qualquer forma e/ou quaisquer meios (eletrônico ou mecânico, incluindo fotocópia e gravação) ou arquivada em qualquer sistema ou banco de dados sem permissão escrita da editora.

CONSELHO EDITORIAL

Diretor
Gilberto Gonçalves Garcia

Editores
Aline dos Santos Carneiro
Edrian Josué Pasini
Marilac Loraine Oleniki
Welder Lancieri Marchini

Conselheiros
Francisco Morás
Ludovico Garmus
Teobaldo Heidemann
Volney J. Berkenbrock

Secretário executivo
João Batista Kreuch

Editoração e org. literária: Fernando Sergio Olivetti da Rocha
Ilustrações: Gustavo Montebello
Coordenação editorial: Marilac Loraine R. Oleniki
Capa: Monique Rodrigues

ISBN 978-85-326-2874-9

Editado conforme o novo acordo ortográfico.

Este livro foi composto e impresso pela Editora Vozes Ltda.

Sumário

Apresentação, 7

Introdução, 9

Orientações gerais, 11

Sugestão para realizar o encontro de acolhida, 17

Encontro de introdução – Vocação e educação, 21

Parte I – História da salvação, 25
1. A Bíblia: Palavra de Deus, 27
2. Criação, obra de Deus, 31
3. O pecado, uma realidade no mundo, 35
4. Abraão, o pai da nossa fé, 38
5. Patriarcas, homens guiados por Deus, 42
6. Moisés, chamado por Deus, 48
7. Deserto, lugar de formação do povo de Deus, 51
8. Aliança, sinal do amor de Deus, 53
9. Algumas pessoas importantes: juízes, reis, profetas, 55
10. O Messias, a esperança do povo, 59
11. Maria e o nascimento de Jesus, 63
12. Sermão da montanha, ideal do homem novo, 65
13. As parábolas do Reino, 67
14. Milagres, sinais de salvação, 70
15. Oração, água viva para o ser humano, 72
16. Paixão e morte de Jesus, 76
17. Ressurreição e ascensão de Jesus, 79

18. O Espírito Santo, dom de Deus, 81

19. A Igreja, continuação da obra de Jesus Cristo, 84

20. Vida eterna, a vida em Deus, 86

Parte II – Os sacramentos, 89

1. Os sacramentos, sinais de Jesus Cristo no caminho, 91

2. Batismo, um novo nascimento, 95

3. Confirmação, a força do Espírito Santo, 100

4. Eucaristia, a Páscoa de Jesus, 102

5. Eucaristia, celebração da Páscoa hoje, 107

6. Matrimônio, sacramento da aliança, 110

7. Ordem, sinal do Bom Pastor, 114

8. Unção dos enfermos, sacramento de salvação, 117

9. Penitência, a conversão contínua, 119

Parte III – Sugestões para revisão, 123

Parte IV – Celebrações, 139

1. Celebração da entrega da Palavra, 141

2. Celebração da inscrição do nome no livro da vida, 143

3. Celebração do diálogo sobre a fé e a vida eterna, 145

4. Celebração da cruz, 147

5. Celebração da luz – Lucernário, 149

6. Celebração da renovação das promessas do batismo, 151

Conclusão, 155

Referências, 157

Apresentação

Com satisfação apresentamos o livro de catequese *Iniciação na fé – Preparação para a Primeira Eucaristia* – 2ª etapa – Catequista.

Este livro chegou num momento em que os primeiros frutos da II Semana Brasileira de Catequese, que teve como tema: "Com adultos, catequese adulta", estão aparecendo.

Queremos destacar, neste livro, o que o texto-base desta semana diz a respeito de catequese familiar: "É bom lembrar que a chamada catequese familiar é um trabalho com adultos que envolve as crianças, e não um trabalho com crianças que envolve os adultos" (n. 109). Este livro foi escrito para crianças, mas destinado às famílias. A catequese familiar que apresentamos aqui é, em primeiro lugar, catequese com adultos.

A contribuição específica deste livro é o diálogo com os pais, que é o alicerce do encontro com Deus e é o ambiente natural dos filhos. Assim este trabalho se torna, verdadeiramente, catequese familiar.

Além do diálogo familiar, este livro é baseado na escuta da Palavra de Deus, num contexto que ajuda o catequizando a perceber a presença e a ação de Deus no seu dia a dia. As celebrações e as atividades têm como objetivo levá-lo a refletir e valorizar esta presença nas diversas situações de sua vida, levando-o, naturalmente, a uma mudança de vida.

Oxalá todas as famílias do nosso Brasil despertem em seus filhos a semente do amor de Deus.

A toda esta dedicada equipe da Paróquia de São Judas Tadeu, coordenada pelo Pe. Paulo Haenraets, que realizou este trabalho de catequese familiar, as bênçãos de Deus.

D. Eduardo Koaik
Bispo diocesano de Piracicaba

Introdução

Após anos de trabalho com a catequese familiar, nasceu o livro *Iniciação na fé – Um caminho para a catequese familiar*, do Pe. Paulo Haenraets. Tendo esse livro como base e com a experiência de Deus nas suas vidas, uma equipe de catequistas da Paróquia de São Judas Tadeu, de Piracicaba, preparou apostilas para os filhos dos pais que participam da catequese familiar. Desse subsídio nasceram os dois volumes que aqui apresentamos: *Iniciação na fé – Preparação para a Primeira Eucaristia* – Catequizando e *Iniciação na fé – Preparação para a Primeira Eucaristia* – Catequista, ambos para a 2ª etapa.

O objetivo deste trabalho é levar o catequizando, junto com a família, a um encontro pessoal com Jesus Cristo. Nossa principal preocupação é com a vida eucarística e não somente com a Primeira Eucaristia. Pois queremos obedecer à Palavra do Senhor que nos fez sair da terra do Egito, da casa da escravidão: "Ouve, ó Israel, Iahweh nosso Deus é o único Iahweh! Portanto, amarás a Iahweh teu Deus com todo o teu coração, com toda a tua alma e com toda a tua força. Que estas palavras que hoje te ordeno estejam em teu coração! Tu as inculcarás aos teus filhos, e delas falarás sentado em tua casa e andando em teu caminho, deitado e de pé" (Dt 6,4-7).

Agradeço esta equipe, a Dirleni, Neide e Tereza, por este trabalho em benefício de tantas famílias.

Pe. Paulo Haenraets
Pároco de São Judas Tadeu
Piracicaba, SP

Orientações gerais

Este livro é um instrumento de trabalho para orientar o catequista no uso do livro *Iniciação na fé – Preparação para a Primeira Eucaristia – 2ª etapa – Catequizando*.

A catequese familiar, como nós a entendemos, é um trabalho com adultos que envolve as crianças, e não um trabalho com crianças que envolve os adultos. Propomos, então, que pais e filhos sigam o mesmo roteiro. Os pais seguem o livro *Iniciação na fé – Um caminho para a catequese familiar*, do Pe. Paulo Haenraets. Os filhos usam o livro *Iniciação na fé – Preparação para a Primeira Eucaristia – 2ª etapa – Catequizando*, e o catequista da criança tem como subsídio de orientação o livro *Iniciação na fé – Preparação para a Primeira Eucaristia – 2ª etapa – Catequista*. Estes livros, em conjunto, formam uma unidade. Os últimos dois volumes, que aqui apresentamos, visam o processo de educação da fé para crianças e foram escritos na esperança de contribuir com a transmissão da fé às novas gerações.

É importante, também, que os encontros com os pais sejam realizados antes dos encontros das crianças, para que eles possam acompanhar e ajudar no desenvolvimento e crescimento da fé de seus filhos.

Propomos as orientações em três partes, seguindo o roteiro do livro do catequizando.

1. Orientações para o uso do livro do catequizando

A nossa proposta metodológica para cada encontro envolve os seguintes itens:

• *Texto-base* – É um pequeno texto que serve de referencial para o catequizando e que poderá ser aprofundado pelo catequista. É aconselhável variar sempre o modo de apresentá-lo. Este texto-base encontra-se somente no livro do catequizando.

• *Celebração* – É o momento em que o catequizando irá trabalhar diretamente com a Palavra de Deus. Por isso é importante criar um clima de oração, e, sempre que possível, preparar o ambiente com toalha branca, flores e vela para a mesa onde ficará exposta a Bíblia. De vez em quando, fazer uma entrada solene, acompanhada de um canto relativo à Bíblia. Neste item constam: proclamação, reflexão e partilha da Palavra de Deus. É preciso explicar-lhes o significado de cada um destes itens, para que entendendo-os possam valorizá-los e, assim, tenham um melhor aproveitamento. Na verdade, é o momento mais importante de cada encontro.

– *Proclamação* – É importante que o texto bíblico não seja apenas lido, mas sim proclamado, isto é, anunciado com ênfase, de maneira que os catequizandos sintam a força que tem a Palavra de Deus. Faz parte da missão do catequista ensinar-lhes a proclamar bem. Alguns catequizandos talvez não tenham uma boa leitura, o que dificulta ainda mais para proclamar. É preciso investir e acreditar neles, ensinando-os, o quanto for necessário. Oriente-os, desde o primeiro encontro, em relação à postura que se deve ter ao proclamar a Palavra de Deus. Quem for proclamar deve ficar em pé e agir com todo respeito, pois esta não é uma palavra qualquer, mas é a Palavra de Deus.

– *Reflexão* – É o momento de valorizar a Palavra, atualizando-a no dia a dia do catequizando. As reflexões que constam neste livro são apenas uma ajuda ao catequista. Sinta-se à vontade para transmiti-las com suas palavras e acrescentar algo que julgar importante.

– *Partilha* – Este momento é de grande importância, pois partilhar é permitir que a Palavra entre e ilumine a história de cada um, para que assim eles percebam a ação de Deus, hoje, em suas vidas. Tenha o cuidado de não interpretar a Palavra a seu modo para que ela não perca a sua força. O catequista deve ser o primeiro a partilhar, ensinando aos catequizandos a colocarem a Palavra de Deus em suas vidas. Orientá-los que a partilha é uma oportunidade que Deus nos dá de percebermos a maneira que vivemos e, à luz de sua Palavra, descobrirmos em que precisamos melhorar para vivermos conforme a sua vontade.

• *Atividades* – Foram elaboradas dentro do tema de cada encontro, com o objetivo de partilhar experiências, fixar e interiorizar o conteúdo... Entretanto, o catequista é livre para enriquecê-las e adequá-las à realidade dos catequizandos. Em alguns encontros, talvez não haja tempo suficiente para desenvolver todas as atividades propostas. É interessante orientá-los a terminá-las em casa, conscientizando-os da prioridade que devemos dar às coisas de Deus em nossa vida.

Com relação à atividade número 1, note que sempre se refere à partilha de cada um, referente ao texto bíblico de cada encontro. Portanto, oriente-os a colocá-la na 1ª pessoa do singular (eu...), pois ela é pessoal.

É importante, também, valorizar as atividades que solicitam desenhos, pois têm a finalidade de levar o catequizando a momentos de silêncio interior, a exteriorizar seus sentimentos e desenvolver sua criatividade.

• *Compromisso do encontro* – O compromisso se divide em duas partes. É importante que a primeira parte seja preenchida pelo catequizando no final do encontro, com a orientação do catequista, que o ajudará a fazer um pequeno resumo do que aprendeu. A segunda parte deverá ser feita em casa. Valorize este item, verificando, periodicamente, se está sendo feito, procurando acompanhar e ajudar no amadurecimento e compromisso do catequizando.

• *Diálogo com a família* – Conscientizados que os pais são os primeiros e principais catequistas dos filhos, acreditamos que a conversa e as perguntas sugeridas irão facilitar a transmissão da fé, por meio da experiência de vida deles. O que fará o diálogo acontecer é a espontaneidade entre pais e filhos de falar das coisas de Deus e do poder dele em suas vidas. A finalidade do diálogo é fortalecer a fé e a união na família para que sejam ainda mais felizes. É importante que as respostas ou resumos das conversas sejam escritos por eles, com a orientação dos pais. Sugerimos não corrigir as respostas dos diálogos, respeitando-se, assim, aquilo que os pais responderam. Periodicamente, recolher os livros e verificar se eles estão sendo feitos. Caso não estejam, motivar os catequizandos a fazê-los. Se o catequista dos pais não for o mesmo dos filhos, é importante que ambos se envolvam neste trabalho. Sabemos que, em cada grupo, têm catequizandos com modelos diferentes de família (somente pai, somente mãe...). Não podemos ignorar esta situação. Devemos falar sobre isto com muita compreensão e sem julgamento. Mas também, não podemos deixar de falar o que diz a Palavra de Deus a respeito da família. Nesse caso, o diálogo deve ser feito conforme a situação, a realidade e as possibilidades de cada um.

• *Acolhida* – Embora não mencionada nos encontros, a acolhida deve acontecer em todos eles. Sinta-se à vontade para criar e inovar. O importante é acolher os catequizandos com muito amor e carinho, valorizando a presença e a história de cada um.

• *Oração inicial* – Sugerimos iniciar os encontros com a Oração ao Espírito Santo, para que, por Ele iluminados, todos possam ter um melhor aproveitamento e compreensão dos ensinamentos a serem transmitidos. Se preferir, escolha um canto invocando o Espírito Santo ou a Santíssima Trindade.

• *Encerramento* – Embora nem sempre mencionados de maneira específica, os encontros devem sempre ser encerrados com uma oração (Ave-Maria, Pai-nosso, Salve Rainha, Oração do Anjo da Guarda...), um canto, orações espontâneas ou o abraço da paz.

• *Planejamento* – Independente do mês que começa a catequese aconselhamos que o encontro "Eucaristia, a Páscoa de Jesus" seja realizado antes da Semana Santa. É importante que o catequista dê prioridade a este encontro, independente do planejamento que esteja seguindo. Pois, próximo à Semana Santa é um momento propício para mostrar aos catequizandos o valor da Páscoa do Antigo Testamento e do Novo Testamento. Aproveitando, assim, para convidá-los a refletir e se preparar para participar da maior celebração do ano litúrgico: a Páscoa do Senhor.

2. Orientações para o catequista

No primeiro encontro, é preciso fazer uma calorosa acolhida de boas-vindas aos catequizandos, levando-os a conhecer a metodologia de trabalho que será usada no decorrer da catequese. Para favorecer o seu trabalho apresentamos, na sequência, uma sugestão.

É importante despertar nos catequizandos a responsabilidade pelo horário de início da catequese e quanto aos materiais indispensáveis: a Bíblia e o livro do catequizando. Precisa suprir, por algum meio, quem não tenha condições de adquiri-los.

É também importante educá-los para ouvir prestando atenção ao que está sendo falado. Pois, ensinando-os a ouvir na catequese, estaremos contribuindo para que eles ouçam seus pais, professores, amigos...

Revisões: têm como objetivo ajudá-los a recordar e memorizar os acontecimentos importantes da história da salvação. Julgamos importante fazê-las periodicamente. Como sugestão, apresentamos, no final deste livro, quatro revisões que poderão servir de exemplo para a sua prática catequética.

Após a realização de cada revisão sugerimos que as recolha para verificar o aproveitamento deles e, no encontro seguinte, cada catequizando poderá, auxiliado pelo catequista, corrigir as respostas erradas, completar ou responder aquelas que, eventualmente, tenham deixado em branco.

3. Orientações sobre as celebrações

Cada uma das celebrações marca uma etapa concretizando a experiência dos catequizandos. Tratam-se de momentos fortes que envolvem o catequizando, sua família e a comunidade. As celebrações são propostas na seguinte ordem:

• *Celebração da entrega da Palavra* – Normalmente é realizada depois do encontro sobre "Moisés, chamado por Deus". Nestes primeiros encontros pais e filhos já experimentaram um pouco do poder da Palavra de Deus e há algo para celebrar.

• *Celebração da inscrição do nome no livro da vida* – Depois do encontro sobre "Maria e o nascimento de Jesus", celebra-se o compromisso com Deus, com a Igreja e a comunidade. O catequista faz, a partir desse encontro, o convite aos catequizandos para participarem das missas dominicais, propondo a participação e o envolvimento na comunidade.

• *Celebração do diálogo sobre a fé e a vida eterna* – Depois do encontro sobre a "Oração, água viva para o ser humano", o catequizando e os pais já perceberam a seriedade e profundidade da presença de Deus em suas vidas.

• *Celebração da cruz* – Depois do encontro "A vida eterna, a vida em Deus". A partir desta celebração é preciso preparar os catequizandos para a grande e difícil missão que devem desempenhar como cristãos.

• *Celebração da luz* – Depois do encontro "Matrimônio, sacramento da aliança". Ela nos mostra a grandeza e a beleza do amor de Deus que nos chamou a viver conscientemente a vida cristã.

• *Celebração do batismo* (para aqueles que ainda não foram batizados) – Normalmente é realizada no final da catequese.

• *Celebração da penitência* – Realizada alguns dias antes da Primeira Eucaristia.

• *Celebração da renovação das promessas do batismo* (tanto para os pais e adultos, como para os catequizandos) – Normalmente é realizada no dia da Primeira Eucaristia.

Desejamos que este manual o ajude a realizar um bom trabalho no desenvolvimento dos encontros e na transmissão da fé aos catequizandos. Tendo sempre em mente que a missão principal do catequista é fazer um anúncio forte e profundo de Jesus Cristo Vivo, Ressuscitado, Salvador e Senhor da nossa vida. É preciso levá-lo ao coração dos catequizandos para que eles se tornem verdadeiros discípulos e produzam muitos frutos.

Sugestão para realizar o encontro de acolhida

Apresentamos uma proposta de acolhimento que será desenvolvida em 5 momentos:

1º momento

- Fazer uma acolhida calorosa e bem alegre para os catequizandos, de modo que sintam-se bem-vindos.
- Canto (sugestão): *Seja bem-vindo olê lê* (Pe. José F. Campos)

    Seja bem-vindo olê lê
    Seja bem-vindo olá lá

    Paz e bem pra você (bis)
    Que veio participar. (bis)

- Convidá-los a rezar a oração ao Espírito Santo.
- Em seguida, fazer a proclamação do seguinte texto bíblico: Mc 10,13-16.
- Dizer-lhes o quanto são amados por Jesus e pelos catequistas.
- Neste momento, o catequista se apresenta a eles.

2º momento

Dinâmica de entrosamento

Sugestão: Antes da dinâmica, convide-os a sentar-se em círculo, no sentido de igualdade e liberdade, de modo que percebam que a catequese é um encontro diferente de uma aula de escola.

Explique a eles que em círculo todos podem se ver sem dificuldade, não há destaque e todos participam como iguais.

Obs.: Nos próximos encontros, caso as cadeiras não estejam em círculo, motive-os a ajudar a preparar o ambiente, ensinando-os que a ajuda mútua nos faz crescer como irmãos.

Prepare alguma dinâmica de entrosamento, de modo que se conheçam e comecem a sentir afinidade um pelo outro. O entrosamento os levará a um bom relacionamento, o que os ajudará a se desenvolver e crescer como pessoas, por meio de um amor mútuo. O bom relacionamento é indispensável nesta caminhada que farão juntos.

Sugestão de uma dinâmica: desafio dos nomes[1]

Nada melhor do que ser chamado pelo próprio nome. O uso de crachás sempre ajuda, mas não é suficiente. O melhor é brincar com os nomes da turma para aumentar o conhecimento dos catequizandos.

- Sentados em círculo, um catequizando começa dizendo seu nome bem alto;

- Quem estiver a sua esquerda repete o nome e diz, em seguida, o seu próprio nome;

- O seguinte diz o nome do primeiro, do segundo e o seu próprio nome, e assim por diante;

- A cada nome que se acrescenta fica mais difícil repeti-los na ordem, sem deixar nenhum para trás;

- Quando alguém errar aí tudo deve ser recomeçado a partir de quem errou, até que todos os nomes estejam bem gravados.

3º momento

O próximo passo é convidá-los a conhecer o *material de trabalho* que será usado no decorrer do ano.

Mostre-lhes a Bíblia (indispensável nos encontros). A Bíblia é a Palavra de Deus dirigida a todos nós.

Diga-lhes que no encontro sobre a Bíblia aprenderão o que a diferencia dos livros que conhecemos e o seu valor para nós cristãos.

---

[1] CENTRO CATEQUÉTICO DIOCESANO DE OSASCO. *Catecriando I* – 30 dinâmicas de grupo para catequese. 4. ed. São Paulo: Paulus, 1994, p. 8-9 (adaptação) [Cadernos Catequéticos, n. 3].

Em seguida, apresente aos catequizandos o livro *Iniciação na fé – Preparação para a Primeira Eucaristia* – 2ª etapa – Catequizando. É importante dizer-lhes que iniciar na fé é iniciar um caminho de descoberta do Deus único e verdadeiro que realiza maravilhas em nossa vida. Catequese familiar é isso mesmo: os pais contam as maravilhas de Deus na sua vida que são hoje a razão de sua fé e respondem as perguntas dos filhos. Dizer-lhes, também, que a Igreja é a mãe que ensina todos os filhos. Ensina por meio dos padres, dos catequistas, dos pais...

Dizer-lhes que a cada encontro haverá momentos específicos em que receberão esta transmissão da fé dos pais.

Mostre-lhes os itens que serão abordados nos encontros, explicando-os:

• *Celebração*: É o momento principal, onde Deus fala conosco, por meio da sua Palavra. Somos convidados a ouvir, acolher e pôr em prática o seu ensinamento.

Faz parte deste momento:

– Proclamação: Explicar-lhes a diferença entre proclamação e leitura. Leitura é ler o que está escrito. Por exemplo: lemos o jornal, livros, revistas... Proclamar é diferente de ler. Por exemplo: O diretor da escola chega e diz: "Amanhã não haverá aula". Esta palavra tem força e realmente acontece, pois o diretor proclamou um acontecimento. Proclamação é transmitir com ênfase o que está escrito, de modo que todos percebam a força que tem esta Palavra.

– Reflexão: é o momento de pensar para entender o que o texto proclamado diz em relação ao nosso dia a dia.

– Partilha: É o momento em que aprendemos, aos poucos, a colocar a Palavra de Deus em nossa vida.

• *Atividades*: Haverá trabalhos individuais, em dupla, grupos, dinâmicas..., tudo em vista de nosso crescimento na fé.

• *Compromisso de encontro*: Tem duas partes: uma será feita no final do encontro e a outra em casa. Nessa parte consta a proposta para colocarmos em prática o que foi aprendido em cada encontro.

• *Diálogo com a família*: É importante valorizá-lo; é uma oportunidade de conversar com os pais sobre as coisas de Deus e acolher a sua transmissão de fé.

4º momento

Orientar os catequizandos explicando-lhes que, para os encontros terem bom êxito, é importante seguirem as seguintes normas:

- Vestir-se adequadamente.
- Trazer para a catequese somente o que o catequista recomendar.
- Chegar no horário certo.
- Seguir sempre as recomendações do catequista quanto ao comportamento.
- Ter respeito e saber fazer silêncio.
- Interromper os encontros apenas quando necessário para esclarecimento de dúvidas.
- Participar da missa todos os domingos.

5º momento

Compromisso do encontro

Em casa, com a ajuda dos pais, preencher a ficha pessoal que consta no início do livro do catequizando.

Encerrar este encontro convidando-os a rezar a oração do Pai-nosso, de mãos dadas.

Encontro de introdução
Vocação e educação

Celebração

Sugerimos, em todos os encontros, dar ênfase ao momento da celebração, valorizando o manuseio da Bíblia, a proclamação, reflexão e partilha da Palavra de Deus, que deve iluminar a vida dos catequizandos. Ao nosso ver, este é o momento mais importante dos encontros.

Proclamação da Palavra de Deus
1Sm 3,1-14

Reflexão

Propomos conversar com os catequizandos sobre a importância de estarmos atentos ao chamado de Deus em nossa vida, pois Ele sempre nos chama para uma missão.

Levá-los a pensar que Deus os chamou à vida e também à catequese para educá-los na fé, assumindo, assim, a missão de serem bons filhos e bons cristãos.

Sugerimos explorar a relação entre ser cristão e a boa educação em todos os aspectos e relacionamentos. Ex.: poderá comentar a relação entre atitudes e hábitos bons e desagradáveis, explorando o aspecto de serem parte da vida de um cristão. Orientar que um cristão bem-educado, que respeita as outras pessoas, contribui para apresentar o lado positivo de ser membro de uma comunidade de fé. Torna-se testemunha da ação evangelizadora de Jesus, que respeitou as pessoas em sua condição. Motivá-los à prática de boas atitudes e ao respeito para com todos, pois o cristão é educado para os valores que garantem a vida.

Partilha

Poderá iniciar partilhando com eles como aconteceu o seu chamado para ser catequista e como você se sente realizando este trabalho que Deus lhe confiou.

No desenvolver da partilha, poderá questioná-los: como aconteceu o seu chamado para a catequese e o que esperam aprender para responder a esse chamado?

Atividades

1) Ajudá-los, caso necessário, a se expressar por um desenho, como aconteceu o chamado deles à catequese.

2) Poderá, agora, realizar a dinâmica do relógio para estabelecer a relação de como é possível ouvir a Deus.

Dinâmica: *O relógio do silêncio*[2].

Para realizá-la é preciso:

- Providenciar um despertador.
- Pedir a um voluntário para ficar do lado de fora da sala, sem espiar.
- Dar corda no despertador e escondê-lo com a ajuda da turma.
- Chamar o voluntário e convidá-lo a encontrar o relógio, mas de pé no meio da sala. Ou seja, ele só poderá localizá-lo pelo tic-tac.
- Incentivar o grupo a colaborar com ele, fazendo bastante silêncio.
- *Refletir*: o silêncio é muito importante para escutar *Deus*. É necessário que os catequizandos comecem a treinar essa *escuta*, para crescerem na experiência de Deus.

   Mostrar-lhes que diante do mundo tão barulhento (TV, músicas de alto volume, videogame...) necessitamos, também, de momentos de tranquilidade e silêncio para ouvir o que Deus quer de nós.

- Terminada a dinâmica, pedir que completem a frase da atividade 2, do livro do catequizando. Poderá fazer um painel com ouvidos para escreverem as diferentes frases e deixá-lo exposto.

[2] Ibid., p. 26-27.

3) Propor aos catequizandos a elaboração de cartazes com o tema educação:

• Dividir a equipe em 4 grupos e distribuir a cada um deles um item do tema educação: em casa, na catequese, na escola e na igreja.

• Pedir que, por alguns minutos, conversem sobre o tema e anotem em uma cartolina as atitudes correspondentes ao seu grupo.

• Colar estes cartazes na lousa e perguntar-lhes o que podemos ainda acrescentar.

• Depois de ouvi-los, leia as atitudes do quadro seguinte e comente-as, ouvindo a opinião deles.

Cultive boas atitudes e serás feliz

Ame as pessoas e elas se sentirão felizes.

Respeite o ser humano independente de raça, religião ou cor.

Diga às pessoas: bom-dia, por favor, com licença..., isto faz parte da educação.

Comporte-se bem e serás exemplo a outros.

Ao ofender alguém, saiba pedir perdão.

Quando alguém lhe magoar, saiba perdoar.

Ao ganhar alguma coisa, agradeça.

Ao emprestar algo, devolva-o em bom estado.

Ao invés de criticar alguém, procure ajudar.

Ao prometer algo, cumpra.

Desarrumou as coisas, organize-as.

Assumiu um compromisso, seja fiel até o fim.

Quando alguém estiver falando, aguarde a sua vez.

Jogue o lixo no lugar apropriado e estará preservando o meio ambiente.

A vivência da vocação cristã passa necessariamente pela educação na família, na escola, na comunidade e na sociedade.

4) Construa na lousa, com a ajuda deles, um resumo das atitudes da boa educação de um cristão/cidadão. Eles deverão anotar o resumo no livro.

Deixar o desafio de colocá-las em prática, na perspectiva de serem bem-educados como convém a um cristão e a um bom cidadão. De vez em quando, relembrar.

Compromisso do encontro

1) Orientá-los a escrever, resumidamente, o que de mais importante eles aprenderam neste encontro.

2) Convide-os a colocar em prática o que aprenderam, vivendo assim conforme a vontade de Deus.

Diálogo com a família

Convide-os a perguntar aos pais que tipo de educação eles receberam. Pedir que descrevam as semelhanças entre a educação deles e a de seus pais.

PARTE I

História da salvação

1

A Bíblia: Palavra de Deus

Obs.: Caso os catequizandos não saibam manusear a Bíblia, é necessário ensinar-lhes o que é Antigo Testamento, Novo Testamento, livro, capítulo, versículo, abreviatura dos livros... realizando alguns exercícios para o uso da Bíblia.

Celebração

Sugestão: Convidar um catequizando para fazer a entrada solene da Bíblia, acolhendo-a com o canto *Procissão da Bíblia* (Ir. Miria T. Kolling – CD Adoremos/95). Caso não o conheça, utilizar um outro canto relacionado à Bíblia.

Proclamação da Palavra de Deus
Lc 8,4-15

Reflexão
Comparar a Palavra de Deus com uma semente. Poderá dizer-lhes que para plantar uma semente e crescer uma árvore bonita é necessário, antes, preparar a terra (afofar, colocar adubo, irrigar...) e cuidar dela para que possa produzir frutos.

O mesmo acontece com a Palavra de Deus semeada no nosso coração. Primeiramente é necessário estarmos dispostos a ouvir e acolher o que a Palavra de Deus nos ensina (obediência, humildade, sinceridade...) e depois colocar em prática estes ensinamentos. Ex.: obedecendo os pais, catequistas, professores, sendo humilde e sincero, participando

Iniciação na fé – Preparação para a Primeira Eucaristia (catequista)

da catequese, da missa...; com certeza os frutos produzidos serão de alegria, amor, paz...

Partilha

A partir do texto bíblico, explorar o assunto com as perguntas: Como se encontra o seu coração? Você está disposto a acolher a Palavra de Deus para que ela produza frutos em sua vida?

Atividades

1) Orientá-los a anotar qual o ensinamento que cada um tirou para a sua vida, diante da Palavra que foi proclamada, refletida e partilhada. Se necessário, ajudá-los.

2) Você é convidado a desenvolver com os catequizandos a dinâmica da cebola, para explorar o significado da Bíblia em nossa vida. A seguir, destacamos os passos da dinâmica e uma sugestão para reflexão, que os levará a entender o objetivo desta:

Dinâmica: *A cebola*[1]

• Providenciar, para cada catequizando, uma cebola e uma faquinha plástica.

• Selecione frases fortes da Bíblia, como:

– "Vai, vende o que tem e dá aos pobres..."
– "Amem seus inimigos..."
– "Oferece a outra face a quem te bateu..."

• A cada uma das frases que for sendo lida, pedir-lhes que tirem uma casca da cebola.

• Dizer: não tenham medo de machucar os próprios olhos com o ardor da cebola, para que fique bem claro o sentido desta dinâmica.

• *Refletir*: A cebola para dar sabor à comida precisa ser aberta e descascada. A Bíblia para iluminar a nossa vida precisa ser aberta e lida. Perce-

---

[1] CENTRO CATEQUÉTICO DIOCESANO DE OSASCO. *Catecriando I* – 30 dinâmicas de grupo para catequese. 4. ed. São Paulo: Paulus, 1994, p. 30-31 (adaptação) [Cadernos Catequéticos, n. 3].

Parte I – História da salvação

bemos que não é fácil descascar uma cebola. A Bíblia tem palavras duras que nos educam a viver conforme a vontade de Deus. Viver o que Ele nos pede não é fácil. Mas, certamente, estes ensinamentos nos fazem mais humildes e mais fortes, tornando a nossa vida mais saborosa e saudável, ou seja, mais alegre e feliz.

Em seguida, peça que realizem a atividade 2.

3) Orientá-los que, em dupla, construam um acróstico para a palavra *Deus*, com versículos pesquisados na Bíblia. A seguir, citamos um exemplo:

"**D**e Sião, beleza perfeita, Deus resplandece, o nosso Deus vem, e não se calará" (Sl 50(49),2-3).

"**E** serás como um filho do Altíssimo. Ele, mais do que tua mãe, amar-te-á" (Eclo 4,11).

"**U**ma boca amena multiplica os amigos, uma língua afável multiplica a afabilidade" (Eclo 6,5).

"**S**enhor, em tudo engrandeceste e glorificaste o teu povo; sem deixar de assisti-lo, em todo tempo e lugar o socorreste!" (Sb 19,22).

Obs.: é importante demonstrar na lousa que as letras iniciais dos versículos devem formar a palavra DEUS. Se achar conveniente, poderá citar os versículos sugeridos, os quais eles deverão pesquisar na Bíblia e copiá-los. No exemplo anterior, os versículos foram extraídos da Bíblia de Jerusalém.

Sempre que lhes for solicitado copiar versículos bíblicos, orientá-los a colocar aspas no início e no final dos mesmos.

Compromisso do encontro

1) Ajudá-los a resumir o encontro, anotando o que é importante para a vida.

2) Diante do que aprenderam motive-os a realizar a proposta deste item.

Diálogo com a família

Para explorar o resumo da conversa com os pais, poderá organizar com eles um pequeno livro com papel sulfite, para que as informações colhidas retratem as diferentes percepções das famílias dos catequizandos, podendo comentar a forma como os diferentes livros da Bíblia foram escritos.

2

Criação, obra de Deus

Este encontro, se possível, deve ser realizado em contato direto com a natureza, com um passeio em que o material didático do catequizando é dispensado neste dia.

Caso não seja possível realizar o passeio com eles e o encontro aconteça na sala de catequese, improvise algumas coisas que representem a natureza (terra, água, flores, frutas, paisagens...) e, assim, poderá realizar o encontro de uma maneira descontraída, de modo que eles valorizem o dom da vida e a existência de todas as coisas que Deus criou.

Sugestão para o passeio: levar apenas alimentos naturais (Ex.: frutas, pão, suco...), aproveitando para incentivá-los a se alimentarem, o mínimo possível, com produtos artificiais, os quais contêm química, podendo ser prejudiciais à saúde.

Obs.: os alimentos devem ser partilhados após a conclusão da partilha da Palavra de Deus. As brincadeiras ficarão para o final do encontro.

Celebração

Pedir que olhem ao redor para observar, por alguns minutos, a beleza da natureza!

Iniciar com um canto de louvor. Sugestão: *Louvado seja o meu Senhor!* (DR – CD Canções para orar, 1). Em seguida, convide-os a ouvir, com bastante atenção, a Proclamação da Palavra de Deus.

Obs.: caso o encontro seja realizado em sala, poderá convidá-los a fechar os olhos e se lembrar, por alguns minutos, da beleza da natureza. Depois, poderão expressar seu amor e gratidão a Deus com o canto sugerido.

Iniciação na fé – Preparação para a Primeira Eucaristia (catequista)

Proclamação da Palavra de Deus
Gn 1–2,3

Sugestão: ilustrar em papel rolão, bobina ou outro similar, imagens da natureza representando cada dia da criação do mundo e, à medida que a Palavra estiver sendo proclamada, dois catequizandos poderão ir desenrolando e deixando aparecer as imagens.

Reflexão

Abordar, espontaneamente, o que diz o texto inicial que consta do livro do catequizando. Em seguida, ler para eles o seguinte texto:

"Um homem sussurrou: Deus, fale comigo. E um rouxinol começou a cantar. Mas o homem não ouviu. Então, o homem repetiu: Deus, fale comigo! E um trovão ecoou nos céus. Mas o homem foi incapaz de ouvir. O homem olhou em volta e disse: Deus, deixe-me vê-lo. E uma estrela brilhou no céu. Mas o homem não a notou. O homem começou a gritar: Deus, mostre-me um milagre. E uma criança nasceu. Mas o homem não sentiu o pulsar da vida. Então o homem começou a chorar e a se desesperar: Deus, toque-me e deixe-me sentir que você está aqui comigo... E uma borboleta pousou suavemente em seu ombro. O homem espantou a borboleta com a mão e, desiludido, continuou o seu caminho triste. Sozinho e com medo. Até quando teremos que sofrer para compreendermos que Deus está sempre aonde está a vida? Até quando manteremos nossos olhos e nossos corações fechados para o milagre da vida que se apresenta diante de nós em todos os momentos?"[2]

Dar alguns minutos para que comentem sobre o que ouviram.

Se possível, convide-os a tirar os sapatos e pisar na terra para senti-la, valorizando-a. Dizer-lhes que é importante lembrarmos que a terra é nossa raiz. Lembrá-los que o Papa João Paulo II, quando pisava pela

---

[2] Prece indígena. Tradução e adaptação do livro *By San Etioy* [Texto encontrado no jornal *Opinião*, da arquidiocese de Belo Horizonte].

Parte I – História da salvação

primeira vez em um país, beijava o solo[3]. Se o encontro for realizado em sala, poderá providenciar caixas de sapato com terra.

Depois, peça que sentem-se em círculo de maneira que todos se vejam e contemplem como são lindos por serem imagem e semelhança de Deus.

Partilha

Sugerimos levar uma caixinha contendo perguntas relacionadas à criação. Convidá-los a pegar uma das perguntas e responder. Caso o encontro esteja sendo realizado na sala de catequese os catequizandos poderão responder as perguntas com desenhos e, depois, explicá-los aos colegas.

Sugestão de perguntas

De todas as coisas que Deus criou, qual você mais admira?

O que você deve fazer quando vê as coisas lindas que Deus criou?

O que você vê neste lugar que lhe faz lembrar-se de Deus?

Quais os dons (qualidades) que você recebeu de Deus?

De que maneira você colabora com a criação de Deus?

Como é para você o rosto de Deus?

O que a natureza transmite para você?

O que você vê de mais bonito neste lugar?

Após a partilha, poderá concluir: a criação de Deus não acabou; Deus continua criando a cada dia, por meio da natureza que se renova, das plantas que brotam, das crianças que nascem...

Incentive-os a fazer orações por todos aqueles que não são beneficiados pela riqueza que Deus nos deixou: sem-terra, meninos e meninas de rua...

Partilha dos alimentos: neste momento, os alimentos levados deverão ser colocados no meio do círculo e partilhados com alegria.

[3] CENTRO CATEQUÉTICO DIOCESANO DE OSASCO. *Educação da fé: Gênesis 1–11* – Formação de catequistas e catequese de adultos. 3. ed. São Paulo: Paulus, 1994, p. 66 [Cadernos Catequéticos, n. 2].

Atividades

1) A partilha do texto bíblico será feita oralmente, no passeio, ou com desenhos, se realizada na sala de catequese. Neste caso, providenciar folhas sulfite para os desenhos.

2) No final do passeio (caso este tenha acontecido) proporcionar-lhes brincadeiras usando bola, peteca, corda...

Obs.: Lembrá-los de fazer, em casa, o compromisso do encontro e o diálogo com a família.

Compromisso do encontro

1) Pedir que relatem o que mais gostaram de aprender em relação à criação do mundo.

2) Motive-os a valorizar a criação de Deus, realizando o que está proposto no livro do catequizando.

Diálogo com a família

Convide-os a partilhar com seus pais o que aprenderam neste encontro e, em seguida, motive-os a ouvir a experiência da presença de Deus na vida deles.

3

O PECADO, UMA REALIDADE NO MUNDO

Celebração

Proclamação da Palavra de Deus
Gn 3,1-13

Reflexão

Comentar com os catequizandos sobre a importância de vivermos os ensinamentos de Deus, o que nos impedirá de sermos seduzidos pelas mentiras e falsidades do mundo que nos levam a darmos desculpas e justificativas, em vez de assumirmos a nossa culpa. Por exemplo: eu briguei, mas não tenho culpa, pois foi fulano que começou a briga; eu faço isto porque fulano também faz [...].

Partilha

Peça que pensem um pouco nestas e em outras situações de justificativas. Em seguida, convide-os a partilhar uma situação em que eles, ao invés de assumirem o seu erro, tentaram se justificar, colocando a culpa em outra pessoa.

Terminar a celebração com o Ato penitencial (sugerimos escolher um canto do conhecimento dos catequizandos).

Atividades

1) Pedir que anotem qual é o ensinamento que Deus lhes transmitiu no texto bíblico que partilharam com seus colegas e catequista.

Iniciação na fé – Preparação para a Primeira Eucaristia (catequista)

2) Dividir a turma em dois grupos para que possam expor o que pensam e quais as suas respostas em relação às perguntas:

Grupo I: Não partilhar o que temos com os outros é pecado?

O que devemos fazer quando pecamos?

Grupo II: Quando cometemos um erro e percebemos a nossa culpa é possível nos sentirmos bem, com a consciência tranquila?

O que devemos fazer para que Deus nos perdoe?

• Enquanto os catequizandos estiverem respondendo as perguntas em grupo, o catequista poderá desenhar, na lousa, duas estradas: a do bem e a do mal. Escrever, à parte, na lousa, gestos positivos e negativos misturados de maneira que eles possam separá-los, colocando-os na respectiva estrada.

Sugestões de gestos: ter preguiça, ajudar, brigar, brincar, ser amigo, rezar, não ouvir a Palavra de Deus, ir à missa, mentir, desobedecer os pais, ter raiva, inveja, egoísmo, amor, ir à catequese, bondade, não respeitar o que é dos outros...

• Em seguida, pedir para cada grupo ler as perguntas em voz alta e, de maneira espontânea, contar para todos o que foi partilhado no grupo.

• Depois da apresentação dos grupos pedir que, diante dos gestos que constam na lousa, eles os separem nas respectivas estradas.

• Após separados os gestos, dar a um catequizando a figura de uma criança (providenciar com antecedência) e fazer com que ele a coloque caminhando numa estrada e depois na outra.

• Pedir que deixe a figura parar na estrada do mal, perguntando-lhes: *E agora, como fica essa criança? O que devemos fazer?* Deixe-os falar.

• Poderá concluir: cada um de nós é responsável por alguém que está fora do caminho do bem[4].

3) Incentive-os a fazer uma oração espontânea de arrependimento.

4) Encerrar o encontro com o canto *Oração de São Francisco* (Pe. Irala – CD Canções para orar, 2). Caso não o conheçam, a oração poderá ser lida.

[4] Diocese de Piracicaba. Apostila: Nossa conversa com Jesus (adaptação) [Parábolas do Reino de Deus].

Parte I – História da salvação

Compromisso do encontro

1) Orientá-los para anotar, resumidamente, o que é o pecado.

2) Dizer aos catequizandos que:

Não basta conhecer a estrada do bem que nos aproxima de Deus e do mal que nos afasta dele. Precisamos optar pelo caminho do bem.

Motive-os a colocar em prática as boas atitudes que anotarão no item 2 do livro deles.

Diálogo com a família

Leve-os a valorizar este rico momento de diálogo na família, pois juntos descobrirão o que fazer para evitar o pecado.

4

ABRAÃO, O PAI DA NOSSA FÉ

Sugestão para preparar a encenação do texto Gn 22,1-19, proposta para o momento da celebração.

Personagens: Abraão, Isaac, Anjo, dois criados e cordeiro.

Narrador: o catequista.

Material: feixe de lenha, cabo de vassoura para simular o jumento, faca (plástica), papel vermelho amassado, simulando o fogo, mesa com toalha branca, simulando o altar, corda, asas de anjo, simulação de cordeiro (sugestão: desenhar a máscara de um cordeiro em cartolina, recortar e prender, com fita, no rosto do catequizando).

Escolher, entre eles, os personagens sugeridos, pedindo que, à medida que a história for sendo narrada, os catequizandos assumam os personagens, encenando-os por meio de expressões e gestos.

Contar, brevemente, a história da vida de Abraão, de modo que os catequizandos a entendam e possam encená-la. A encenação deve dar enfoque ao sacrifício de Isaac.

Antes de iniciá-la, organizar o cenário com a ajuda de todos.

Celebração

Proclamação da Palavra de Deus

Gn 22,1-19 (o texto bíblico será encenado).

Sugestão para narrar o texto:

Parte I – História da salvação

A história que vamos narrar começa quando Isaac já era adolescente.

Certo dia, Deus pôs Abraão à prova e lhe disse:

– "Pegue teu filho único, Isaac, que tanto amas, e o ofereça em sacrifício sobre a montanha que eu te indicar".

Abraão se levantou cedo, selou seu jumento e tomou consigo dois servos e o seu filho Isaac. Ele rachou a lenha do sacrifício e se colocou a caminho para o lugar indicado por Deus.

Caminharam e, ao terceiro dia, Abraão levantando os olhos viu de longe o lugar.

Então, Abraão disse aos seus servos:

– "Permanecei aqui com o jumento até que voltemos".

Tomou a lenha do sacrifício e a pôs sobre seu filho Isaac. Ele mesmo levou o fogo e a faca. Assim caminharam os dois.

Enquanto caminhavam, Isaac perguntou:

– "Meu pai, aqui há o fogo e a lenha, mas onde está o cordeiro para o sacrifício?"

Abraão respondeu:

– "É Deus quem proverá o cordeiro para o sacrifício, meu filho!"

Assim que chegaram no lugar indicado por Deus, Abraão construiu um altar e pôs sobre ele a lenha. Em seguida, amarrou seu filho Isaac e o colocou sobre o altar em cima da lenha.

Abraão pegou a faca para imolar o filho.

De repente, o anjo de Deus o chamou do céu e disse:

– "Abraão, não faças nenhum mal ao menino! Agora sei que temes a Deus: tu não me recusaste teu filho único".

Abraão ergueu os olhos e viu um cordeiro preso pelos chifres num arbusto, pegou-o e ofereceu-o em sacrifício no lugar de Isaac.

Pela segunda vez, o anjo o chamou e disse:

– "Assim fala Deus: tu me obedeceste, não me recusaste o teu filho único; por isso, eu te cumularei de bênçãos e te darei uma descendência tão numerosa quanto as estrelas do céu e quanto a areia que está na praia do mar. E a tua descendência será abençoada, porque tu me obedeceste..."

Depois, Abraão voltou para casa com Isaac e seus servos[5].

[5] Texto baseado na Bíblia de Jerusalém, Gn 22,1-19.

Iniciação na fé – Preparação para a Primeira Eucaristia (catequista)

Reflexão

Explorar com os catequizandos a importância da fé em nossa vida. Toda pessoa que acredita e confia em Deus é sustentada pela providência divina. Pedir que eles pensem em algum acontecimento de sua vida ou de sua família, em que no momento que mais precisavam de Deus Ele veio em seu auxílio. Deixe-os falar.

Partilha

Relacione a atitude e a confiança em Deus que Abraão teve ao sair da sua terra, para uma nova experiência de vida, com a participação deles à catequese, que tem como objetivo levá-los a conhecer melhor a Deus, para, depois, também darem um passo experimentando uma vida nova como fez Abraão. Solicite-lhes que pensem e respondam as seguintes perguntas: Os encontros de catequese têm lhe ajudado a sair do comodismo, da preguiça...? Têm lhe ajudado a renunciar à inveja, à mentira...? Você tem sido obediente aos ensinamentos de Deus?

Em seguida, peça que digam, também, que sentido tem para eles a palavra fé, após conhecerem e refletirem sobre a fé de Abraão.

Atividades

1) Pedir que expressem com um desenho a cena que mais os ajudou a perceber a confiança e a fé que Abraão teve em Deus, e, depois, peça que anotem qual a lição de vida que ele lhes deu neste acontecimento.

2) Solicitar que descrevam a história de Abraão, abordando os momentos fortes de fé na vida dele.

Compromisso do encontro

1) Pedir que anotem o que aprenderam com a vida de Abraão.

2) Motive-os a realizar a proposta do livro do catequizando.

Parte I – História da salvação

Diálogo com a família

Depois de terem conhecido esta forte experiência de fé de Abraão, incentive-os a ouvir, através do diálogo com a família, a forte experiência de fé de seus pais. Pois quanto mais ouvimos sobre a providência de Deus na vida das pessoas, mais amamos e desejamos confiar neste nosso Deus maravilhoso.

Verifique se os diálogos estão sendo feitos. Fale da importância desses momentos de conversa com os pais e da necessidade da transmissão da fé.

5

Patriarcas, homens guiados por Deus

Celebração

Contar brevemente a história de José (Gn 37–45).

Segue uma sugestão para a narração da mesma:

José nasceu quando seu pai Jacó (Israel) já era velho e, talvez por isso, ele o amava mais que aos outros filhos.

Quando jovem, José cuidava do rebanho de ovelhas e cabras, juntamente com seus irmãos. Seu pai o presenteou com uma túnica muito bonita, que causou inveja aos seus irmãos.

José tinha o dom especial de interpretar sonhos. Por causa disso, da sua túnica e do amor especial que seu pai lhe dedicava, seus irmãos tinham muita raiva dele.

Certo dia, ele teve um sonho e o contou aos irmãos, dizendo-lhes:

– "Sonhei que nós estávamos no campo amarrando feixes de trigo e, de repente, meu feixe ficou em pé, seus feixes se colocaram em volta do meu e se curvaram diante dele".

– Eles, com mais raiva ainda, perguntaram-lhe:

– "Quer dizer que você vai ser nosso rei?"

Tempos depois, ele teve outro sonho e o contou a seu pai, dizendo-lhe:

Parte I – História da salvação

— "Eu tive outro sonho e, desta vez, o sol, a lua e onze estrelas se curvaram diante de mim".

— Seu pai o repreendeu e lhe disse:

— "O que quer dizer o seu sonho? Por acaso, sua mãe, seus onze irmãos e eu vamos nos curvar diante de você?"

Seus irmãos o invejaram, mas seu pai ficou pensando nesse fato.

Certo dia, quando seus irmãos estavam bem longe cuidando do rebanho, Jacó, seu pai, o enviou até eles para verificar se estavam bem e trazer-lhe notícias.

José foi, mas, quando estava chegando perto, eles começaram a fazer planos: vamos matá-lo, jogá-lo num poço e, depois, diremos ao nosso pai que um animal o devorou.

Ao ouvir isso, Ruben quis salvá-lo e pediu-lhes para não matá-lo e que o colocassem num poço seco, pois planejava voltar para salvá-lo. Quando José se aproximou deles arrancaram-lhe a túnica e o jogaram num poço vazio e seco.

Logo após, viram uma caravana de ismaelitas e decidiram tirá-lo de lá para o vender como escravo. Assim, eles o compraram e o levaram para o Egito.

Quando Ruben voltou ao poço e viu que José não estava lá, ficou muito triste e perguntou-lhes:

— "E agora, o que é que eu faço?"

Então, os irmãos mataram um cabrito e, com o sangue, mancharam a túnica de José e levaram-na a seu pai. Jacó a reconheceu e concluiu que algum animal o havia devorado. Ficou muito triste e, durante muito tempo, guardou luto pelo seu filho.

Muito distante dali, no Egito, José estava trabalhando na casa de Putifar, um capitão da guarda do palácio que o havia comprado dos ismaelitas. Ganhou a confiança do seu patrão, que percebeu que Deus estava com ele e o abençoava em tudo o que ele fazia.

Tempos depois, por causa de intrigas da mulher de Putifar, ele mandou José para a cadeia. Na prisão, dois homens tiveram sonhos que foram interpretados por ele e aconteceu exatamente o que ele previu.

Iniciação na fé – Preparação para a Primeira Eucaristia (catequista)

Dois anos mais tarde, o faraó do Egito sonhou que estava à beira do Rio Nilo e, de repente, saíram do rio sete vacas gordas. Logo em seguida saíram sete vacas magras que engoliram as gordas.

O faraó tornou a dormir e teve outro sonho. Desta vez, viu sete espigas de milho bonitas e cheias de grãos que saíram de um mesmo pé. A seguir, saíram sete espigas secas e queimadas pelo vento, que engoliram as sete espigas cheias. Ficou muito preocupado com os sonhos e chamou adivinhos, mas nenhum foi capaz de lhe dar uma explicação.

Um dos seus empregados, que esteve preso com José, contou-lhe que ele sabia interpretar sonhos.

Então ele pediu para buscá-lo na cadeia e contou-lhe os sonhos. José os interpretou dizendo-lhe que os dois sonhos queriam dizer a mesma coisa:

– "Deus mostrou ao senhor o que vai acontecer. Virão sete anos de fartura e vai haver muito alimento no Egito. Depois, virão sete anos de fome terrível. Seria bom o senhor escolher um homem inteligente e sábio para governar o país. Ele deverá encarregar homens a viajarem pelo país para recolher em armazéns a quinta parte de todas as colheitas. Assim, estes alimentos servirão para abastecer o Egito durante os sete anos de fome".

O faraó gostou dos seus conselhos e achou que não havia ninguém melhor que ele para governar o país. Nomeou-o governador de todo o Egito.

Durante os sete anos de fartura José ajuntou em armazéns muito alimento. Começaram os sete anos de fome nos outros países, mas em todo o Egito havia alimento que até sobrava para vender.

Em Canaã, Jacó e seus filhos estavam sem alimentos. Então os irmãos de José foram comprá-los no Egito. Logo que José os viu os reconheceu, mas fingiu que não os conhecia. Eles, porém, não o reconheceram e se curvaram diante dele. José perguntou-lhes de onde vinham, quantos irmãos tinham e exigiu que um deles ficasse preso até que retornassem trazendo Benjamin, o irmão mais novo que ficara com o pai. Pediu aos empregados para encherem de mantimentos os sacos que eles trouxeram e que devolvessem o dinheiro de cada um, colocando-o nos sacos.

Parte I – História da salvação

Quando voltaram a Canaã, seus irmãos contaram tudo o que havia acontecido ao pai, mas Jacó proibiu-lhes de levarem Benjamin. Entretanto, algum tempo depois acabaram os alimentos e eles precisavam voltar ao Egito para comprá-los, mas sabiam que deviam levar Benjamin. Insistiram até que o pai deixou que o levassem.

Assim, voltaram ao Egito e, quando José viu que Benjamin estava com eles, mandou preparar tudo para almoçar com os irmãos. Emocionado, foi a seu quarto e chorou, mas depois se controlou. Voltou à sala para almoçar com eles e ficou sabendo que seu pai ainda estava vivo.

Depois, ordenou aos empregados para encherem de alimentos os sacos trazidos por eles e que na boca do saco que pertencia a Benjamin colocassem sua taça de prata.

Na manhã seguinte, seus irmãos saíram para a viagem de volta a Canaã. Quando já estavam fora da cidade, José deu ordem para irem atrás deles e dizer-lhes que haviam roubado sua taça de prata. Então, todos voltaram e como a taça foi encontrada no saco de alimentos de Benjamin, José pediu-lhes que esse irmão ficasse com ele como escravo e deixaria os outros voltarem em paz para casa. Mas, seu irmão Judá lhe disse que se voltassem sem Benjamin seu velho pai morreria de tristeza. E lhe pediu para ficar como escravo no lugar dele[6].

• Neste momento, para que os catequizandos conheçam o final dessa história, é importante fazer a proclamação do livro de Gênesis 45,1-14.17-18.

Obs.: Se quiser optar pelo filme, sugerimos *José do Egito* [Coleção A Bíblia – O Velho Testamento para Crianças; da Cades Editora, com duração de 25 minutos].

Reflexão

Comentar com os catequizandos sobre o cuidado que Deus tem conosco. Mesmo que alguém nos deseje algum mal (por ciúmes ou raiva), nada disto nos acontece se tivermos fé em Deus e o amarmos de todo coração. Pedir que pensem como está o relacionamento entre irmãos

[6] Texto baseado na Bíblia de Jerusalém, Gn 37–44.

na casa deles; se sentem ciúmes dos irmãos e se seriam capazes de perdoar alguma traição. Deixe-os falar.

Partilha

Leve-os a pensar que, apesar de muitas vezes não percebermos os cuidados de Deus, Ele continua, constantemente, nos ajudando. Lembre-os do cuidado de Deus, que salvou José de uma difícil situação, salvou a família dele não os deixando morrer de fome, e, também, a graça dos irmãos de José terem sido perdoados por ele. Diante disso, pergunte-lhes: diante do medo, doença, dificuldades, você já percebeu o cuidado de Deus? De que maneira?

Atividades

1) Diante do texto partilhado, peça que anotem qual é o ensinamento mais importante que cada um tirou para sua vida.

2) Providenciar folhas sulfite para os desenhos. Formar grupos para conversarem sobre a parte que cada um mais gostou da história de José. Em seguida, peça que usem a criatividade para transmitirem, com artes plásticas (desenhos, pinturas...), o que cada um mais gostou nesta história. A seguir, peça para os grupos se juntarem para organizarem os desenhos na ordem dos acontecimentos. No caso de desenhos repetidos, poderão colocá-los um abaixo do outro.

Sugestão: a história poderá ser ilustrada com uma faixa de papel com o seguinte versículo: Gn 45,7.

Encerrar o encontro com o canto sugerido (melodia: Teresinha de Jesus). Caso não o conheçam, poderá ser lido como poesia.

Compromisso do encontro

1) Ajudá-los a resumir o encontro.

2) Diante do que aprenderam, incentive-os a realizar a proposta do livro do catequizando.

Parte I – História da salvação

Diálogo com a família

Incentivá-los a fazer o diálogo que lhes dará a oportunidade de conhecer as fortes experiências que seus pais e avós tiveram no passado e que hoje são exemplo para eles.

Obs.: mensagem que os catequizandos deverão decifrar no item 6 da revisão dos encontros de 1 a 5: *O gesto do perdão traz paz e alegria ao nosso coração.*

6

Moisés, chamado por Deus

Sugere-se preparar o símbolo da aspersão com sangue da seguinte forma:

Material: cartolina branca e pincel atômico vermelho.

Marcar a cartolina em vermelho, simbolizando o sangue do cordeiro que foi aspergido nos batentes das portas das casas dos israelitas.

Afixar a cartolina já marcada na porta da sala de catequese, antes da chegada dos catequizandos, de modo que desperte neles a curiosidade em saber o significado deste símbolo, o qual será compreendido por eles no decorrer da leitura do texto.

Após a leitura do texto inicial, convidá-los a olhar para a porta e perguntar se o símbolo que eles estão vendo tem alguma relação com o que foi lido. Explicar que este sinal identificou as casas dos israelitas que, por temerem a Deus, viram seus filhos salvos da morte.

Celebração

Proclamação da Palavra de Deus
Ex 3,7-12

Reflexão

A partir do texto bíblico, converse com os catequizandos sobre a vocação de Moisés que foi chamado por Deus para tirar seu povo do Egito. Mostrar-lhes que, da mesma maneira que Deus chamou Moisés,

Parte I – História da salvação

hoje Ele nos chama para salvarmos a família, os amigos. Dar-lhes alguns exemplos: quando nossos pais estão preocupados, tristes, Deus nos convida a levar-lhes uma palavra de carinho e de ânimo, de modo que superem este momento. Quando alguns amigos são bagunceiros e não sabem separar os momentos que exigem seriedade dos momentos de descontração, somos novamente convidados a auxiliá-los, dando-lhes bons conselhos e rezando por eles. Certamente ajudá-los-emos a se libertarem desta situação.

Partilha

Levá-los a pensar que Deus dá a cada um de nós uma missão e nos prepara para cumpri-la. Comente que constantemente nos chama a ajudar quem precisa de nós. E o quanto é importante também valorizarmos as pessoas que nos prestam ajuda.

Convide-os a partilhar algum acontecimento em que eles ajudaram alguém em dificuldade ou foram ajudados.

Atividades

1) Motivá-los para que se expressem, com suas palavras, algum acontecimento em que eles ajudaram alguém a sair de uma situação difícil. Ajudá-los, caso necessário.

2) Orientá-los para que elaborem histórias em quadrinhos. Antes de desenharem, é importante ler os textos bíblicos com os catequizandos, explicando-os, mesmo que já conheçam a história.

Compromisso do encontro

1) Ajudá-los a resumir a saída do povo de Israel do Egito.

2) Motivá-los a amar cada vez mais a Deus que nos protege e socorre sempre. Pedir que, sempre que possível, leiam o salmo proposto no livro do catequizando.

Diálogo com a família

Motive-os a conversar com seus pais sobre as coisas do mundo das quais eles precisam se libertar.

Obs.: Se possível, recolher os livros para que você e também o(a) catequista dos pais possam, pelas respostas, verificar o nível do diálogo e o crescimento espiritual dos pais e dos filhos/catequizandos. No entanto, sugerimos não corrigir. Você poderá deixar uma frase de incentivo para o catequizando.

7

DESERTO, LUGAR DE FORMAÇÃO DO POVO DE DEUS

Celebração

Proclamação da Palavra de Deus
Ex 16,1-16

Reflexão

Comentar com os catequizandos que o deserto é um período da nossa vida em que nem tudo acontece conforme a nossa vontade. Como os israelitas, muitas vezes demoramos para perceber a vontade de Deus e o seu cuidado diante das nossas dificuldades. Por causa delas reclamamos muito. Mais tarde, percebemos que este tempo de dureza foi aquilo que mais nos ajudou na vida, porque entendemos que diante dessas dificuldades a mão de Deus estava nos educando e nos conduzindo.

Partilha

Explorar com os catequizandos que no deserto Deus ensinou o povo de Israel a se alimentar apenas com o necessário, educando-os para a vida. Em nossa vida também necessitamos de alguém que nos coloque limites e, assim, nos eduque. Peça que pensem um pouco em suas vidas e partilhem a experiência de um dia em que seus pais lhes proibiram alguma coisa e eles ficaram bravos. Mais tarde entenderão que eles estavam certos.

Encerrar o momento da celebração com o canto *O povo de Deus* (Pe. Luiz A. Passos – CD Canto das Comunidades), ou outro do conhecimento dos catequizandos.

Atividades

1) Peça que leiam novamente o texto bíblico e, diante do que refletiram e partilharam, anotem o versículo que cada um mais gostou.

2) É importante ler e comentar os textos bíblicos, explicando-os antes de desenharem.

3) Oração de agradecimento. Comentar para que entendam que o rigor dos pais em alguns momentos serviu para que eles não se machucassem, agissem corretamente e isso é sinal de amor. Em seguida, convide-os a construir a oração proposta.

Compromisso do encontro

1) Pedir que relembrem a proposta do compromisso do encontro anterior, item 2 (Sl 121[120]) e relacionem qual a semelhança que houve diante do que puderam aprender neste encontro.

2) Pedir que valorizem as propostas dos encontros para que possam crescer na fé.

Diálogo com a família

Sugere-se pedir aos catequizandos que façam junto com os pais uma espécie de fotografia, ou seja, relembrem os fatos em que perceberam os cuidados de Deus com a sua família. Oriente-os a conversar com eles em relação às reclamações do dia a dia. Peça que juntos elaborem uma proposta que os levem a evitá-las.

8

Aliança, sinal do amor de Deus

Celebração

Proclamação da Palavra de Deus
Ex 20,1-17

Reflexão

Refletir com os catequizandos sobre a importância de amar a Deus sobre todas as coisas, o que de imediato parece ser um mandamento fácil de cumprir, mas, na realidade, é um grande desafio para nós, diante de tantos falsos valores e prazeres que o mundo nos oferece. É importante valorizarmos os mandamentos como sinal de liberdade e felicidade. É necessário cumpri-los, pois cada vez que deixamos de vivê-los nos tornamos escravos do pecado e nos afastamos do caminho do bem.

Partilha

Propomos levá-los a pensar um pouco no seu compromisso relacionado à participação na missa toda semana. Questione-os: o que muitas vezes os impede de serem fiéis a este compromisso? O que muitas vezes vocês têm trocado pelas coisas de Deus? É importante não induzir as respostas, deixando os catequizandos agirem espontaneamente.

Atividades

1) Pedir que anotem atitudes em que precisam melhorar em relação às leis de Deus.

Iniciação na fé – Preparação para a Primeira Eucaristia (catequista)

2) Ler junto com eles as explicações sobre os dez mandamentos.

3) Pedir que, em dupla, preencham os diálogos com os respectivos mandamentos. Finalizar enriquecendo com outros exemplos. É importante dar-lhes oportunidade para comentarem como estão vivendo no dia a dia estes mandamentos.

Você poderá concluir dizendo que Deus nos deixou os mandamentos para que, cumprindo-os, vivamos felizes. São como as placas de trânsito, indicações para chegar ao destino da nossa viagem.

Compromisso do encontro

1) Oriente-os para que escrevam o que julgam ser mais importante sobre o que aprenderam neste encontro.

2) Incentivá-los a acolher e obedecer os ensinamentos de Deus que, certamente, os conduzirão para o bom caminho. É importante motivá-los a valorizar a proposta dos encontros.

Diálogo com a família

Orientá-los a ler com os pais as explicações dos dez mandamentos que constam na atividade 2 do livro do catequizando, para auxiliá-los na identificação de quais eles julgam ser mais difíceis de viver.

9

ALGUMAS PESSOAS IMPORTANTES: JUÍZES, REIS, PROFETAS

Sugestão: encenação do texto bíblico: 1Rs 17,1.7-24.

Preparação da encenação

• *Personagens*: Elias, Acab, viúva e filho da viúva.

• *Material*: um pouco de farinha de trigo numa vasilha, azeite na jarra, gravetos de lenha, vasilha para amassar o pão, pão assado, lençol (para colocar no chão) simbolizando a cama (leito) e roupa para a viúva.

• Contar, brevemente, a história de modo que os catequizandos possam encená-la.

Obs.: o catequista será o narrador da história.

• Escolher, entre eles, os personagens sugeridos, pedindo que, à medida que a história for sendo narrada, os assumam, encenando-os por meio de gestos e expressões (dar preferência aos catequizandos que não participaram da encenação do encontro n. 4).

• Antes de iniciar, construir o cenário com a ajuda deles.

Celebração

Proclamação da Palavra de Deus

1Rs 17,1.7-24 (o texto bíblico será encenado)

Sugestão para narrar o texto:

Iniciação na fé – Preparação para a Primeira Eucaristia (catequista)

Certo dia, Elias, profeta de Deus, disse a Acab:

– "Pela vida de Iahweh, o Deus de Israel, a quem sirvo: não haverá nestes anos nem orvalho, nem chuva, a não ser quando eu ordenar".

Depois de certo tempo, não chovia mais na terra. Então, Deus disse:

– "Levanta-te, Elias, e vai a Sarepta. Eis que ordenei lá, a uma viúva, que te dê sustento".

Elias se levantou e foi para Sarepta.

Chegando lá, viu uma viúva apanhando lenha e disse:

– "Por favor, traze-me água para beber".

Quando ela estava indo buscar água, ele gritou-lhe:

– "Traze-me, também, um pedaço de pão".

Respondeu ela:

– "Pela vida de Iahweh, teu Deus, não tenho pão cozido; tenho apenas um punhado de farinha numa vasilha e um pouco de azeite numa jarra. Estou ajuntando uns gravetos, e vou preparar esse resto para mim e meu filho; nós o comeremos e, depois, esperaremos a morte".

Mas, Elias lhe respondeu:

– "Não temas; vai e faze como disseste. Mas, primeiro, prepara-me com o que tens um pãozinho e traze-mo; depois, prepararás para ti e para teu filho. Pois assim fala Iahweh, Deus de Israel: A vasilha de farinha não se esvaziará e a jarra de azeite não acabará, até o dia que Iahweh enviar chuva sobre a face da terra".

Ela partiu e fez como Elias disse e fizeram a refeição com ele, ela e seu filho.

A vasilha de farinha não se esvaziou e a jarra de azeite não acabou, conforme a profecia que Iahweh fizera por intermédio de Elias.

Depois disso, aconteceu que o filho dessa mulher adoeceu e veio a falecer.

Então, ela disse a Elias:

– "Que há entre mim e ti, Homem de Deus? Vieste em minha casa para reavivar as lembranças de minhas faltas e causar a morte de meu filho?!"

Elias respondeu:

– "Dá-me teu filho!"

Parte I – História da salvação

Tomando-o dos braços dela, colocou-o sobre o leito. Depois, clamou a Iahweh, dizendo:

– "Iahweh, meu Deus, até a viúva que me hospeda queres afligir, fazendo seu filho morrer?"

Estendeu-se por três vezes sobre o menino e invocou a Iahweh:

– "Iahweh, meu Deus, eu te peço, faze voltar a ele a alma deste menino!"

Deus atendeu a súplica de Elias e o menino reviveu.

Elias tomou o menino e o entregou a sua mãe, dizendo:

– "Olha, teu filho está vivo!"

A mulher respondeu a Elias:

"Agora sei que és um Homem de Deus e que Iahweh fala verdadeiramente pela tua boca".

Reflexão

Explorar com os catequizandos sobre a missão do profeta: na vida da viúva, Elias foi o profeta que veio lhe trazer ânimo e esperança. É importante ouvirmos as pessoas iluminadas por Deus, que nos animam diante das situações difíceis e nos corrigem quando estamos errados.

Partilha

Seria significativo conversar com eles sobre as pessoas importantes em suas vidas como: quem os amamentou, lhes dá instrução escolar, lhes corrige com firmeza, exige deles respeito... Peça que partilhem quais pessoas lhes falam com sabedoria na família, na escola e na comunidade.

Atividades

1) Após a partilha, peça que anotem quem são as pessoas importantes para cada um deles e expliquem por quê.

2) Pedir que respondam as perguntas, oralmente, e de maneira espontânea. Comentar as respostas propondo questões a partir do que vierem a conversar. A seguir, você poderá levá-los a per-

Iniciação na fé – Preparação para a Primeira Eucaristia (catequista)

ceber a importância de estarem em sintonia com Deus, participando todo domingo da missa, lendo a Bíblia, participando da catequese, procurando, apenas, fazer o bem, ou seja, crescendo em graça e sabedoria. Pois, certamente, um dia serão, também, pessoas importantes que anunciarão a verdade e denunciarão as coisas erradas às outras pessoas.

3) A mensagem que os catequizados irão decifrar é a seguinte: *Todo ser humano é importante! Precisamos uns dos outros e todos necessitamos de Deus.*

Compromisso do encontro

1) Diante do que aprenderam sobre as pessoas importantes, peça que anotem o que sabem sobre a missão do profeta.

2) Incentive-os a valorizar e rezar pelas pessoas importantes em suas vidas.

Diálogo com a família

Motivá-los a contar aos pais o que aprenderam e, depois, fazer-lhes perguntas relacionadas ao tema.

Com relação à pergunta que trata sobre cartomantes e videntes, sugerimos, numa oportunidade, verificar as respostas e, se for necessário, esclarecer as dúvidas.

10

O Messias, a esperança do povo

Celebração

Proclamação da Palavra de Deus
Lc 4,18-22a

Reflexão
Destacar junto aos catequizandos que Jesus é o Filho de Deus, ungido e enviado para anunciar a vida nova e a liberdade aos povos, trazendo esperança e fé a todos aqueles que estão oprimidos. Todos os batizados também recebem a unção, sendo chamados a anunciar a boa-nova de Jesus Cristo.

Partilha
Conversar com eles, ressaltando se, diante do que aprenderam, cada um seria capaz de testemunhar Jesus Cristo aos seus amigos, principalmente os que se encontram desanimados e injustiçados?

Atividades

1) Levá-los a pensar em algum momento em que falaram de Jesus a algum amigo. Depois, peça que anotem esta experiência.

2) Teatro: *Notícias da TV*.
Para realizar esta atividade, sugerimos selecionar notícias atualizadas de acordo com o que estiver em evidência na imprensa falada ou escrita e que causem espanto e medo.

Iniciação na fé – Preparação para a Primeira Eucaristia (catequista)

Para o teatro é preciso:

- Organizar um roteiro.
- Fazer as falas para os personagens em tiras de papel.
- Confeccionar uma TV em caixa de papelão ou de acordo com a sua criatividade.
- Selecionar recortes de jornais e revistas de acordo com o tema para ilustrar as notícias.
- Fazer um desenho de Jesus e as crianças conforme modelo que se encontra após as orientações desse encontro, o qual poderá ser ampliado e pintado.
- Dividir o grupo: alguns ficam sentados em cadeiras (sofá); outros catequizandos, mais ou menos três, serão repórteres do jornal.
- Arrumar uma mesa com TV, onde o rosto deles apareça na tela. Dê preferência para que apareça apenas o rosto dos repórteres e não o corpo todo.

Encenação

Um dos catequizandos que estão sentados no sofá diz para os outros:

– Hoje o progresso é tão grande que recebemos as notícias do mundo inteiro sem sairmos de casa. Por favor, ligue a TV.

Um deles que está ao seu lado liga a TV. Sugestão de falas (notícias):

- Em Sri Lanka, crianças são vendidas como escravos.
- Na Etiópia, muitas crianças e adultos morrem de fome.
- As drogas atingem grande parte de crianças e jovens no mundo inteiro.
- Terroristas sequestram dois aviões lotados de passageiros e os lançam contra as duas torres mais altas de Nova York, matando mais de três mil pessoas.
- Um avião lotado de passageiros é sequestrado por terroristas e lançado sobre o Pentágono, o centro militar dos Estados Unidos, causando centenas de vítimas.
- Os Estados Unidos lançam pesados bombardeios sobre a cidade de Cabul, no Afeganistão, matando muitas pessoas.

Parte I – História da salvação

- Em um ano de violência e conflitos entre Israel e os palestinos, centenas de pessoas já morreram dos dois lados.
- Pó branco, contendo a mortal bactéria Antraz, é enviado por meio de cartas, causando vítimas nos Estados Unidos.
- Clonagem humana. Estão criando embriões humanos com o único propósito de matá-los aproveitando suas células.

Um dos que estão no sofá fala:

– É melhor desligar a TV. Quanta notícia triste! Dá até medo de sair de casa!

O catequista entra e diz:

– Não tenham medo! Jesus cuidará de vocês!

Catequizando: Por que acontecem essas coisas tristes?

Catequista: Infelizmente isto acontece porque alguns homens se desviaram da Lei de Deus e por falta de amor em seus corações cometem pecados. Mas Deus prometeu que Jesus nos traria a justiça e a paz. E Deus é fiel.

– Hoje vocês são convidados a ajudá-lo na construção deste reino de Deus.

Catequizando: De que maneira podemos ajudar?

Catequista: Fazendo orações por estas pessoas que cometem injustiças, pedindo a Deus que elas acolham Jesus em suas vidas, arrependendo-se de seus pecados, e assim deixando-se levar pelo amor e pela paz.

Catequizando: Eu não havia parado para pensar nisto! Às vezes sinto raiva dessas pessoas. E não penso em rezar por elas. Mas, agora, vejo como é importante amá-las como Deus nos ama. Pois Ele ao invés de nos castigar nos proporciona a salvação, nos enviando o Messias. Assim também, ao invés de julgar estas pessoas, preciso rezar por elas para que também possam alcançar a salvação, que nos vem por Jesus Cristo.

Catequista: Muito bem! O que todos nós precisamos realmente é confiarmos em Deus e vivermos na fé e esperança de um mundo mais justo e fraterno. Portanto, não precisamos ter medo de nada, pois, certamente, Jesus cuida de nós a cada momento da nossa vida. Que tal mudar o canal da TV?

Um catequizando levanta e muda o canal.

Um voluntário com a Bíblia na mão lê, pela tela da TV, Lc 4,18-19. Em seguida, apresenta-lhes a gravura de Jesus e as crianças. Todos aplaudem.

Iniciação na fé – Preparação para a Primeira Eucaristia (catequista)

3) Peça a todos que, por alguns minutos em silêncio, se imaginem sendo uma dessas crianças ao redor de Jesus, acolhendo seu ensinamento, esperança e paz.

Em seguida, convide-os a rezar de mãos dadas a oração do Pai-nosso.

Depois, oriente-os a anotar, no livro, a mensagem para a vida.

Compromisso do encontro

1) Diante do que aprenderam, peça que anotem quem é o único que nos dá segurança e no qual devemos colocar nossa esperança.

2) Pedir que realizem a proposta de pesquisa a qual será solicitada no próximo encontro.

Diálogo com a família

Motive-os a conversar com seus pais sobre a vivência de fé e a esperança que eles oferecem a quem está desanimado. Sugerimos falar da importância desses momentos de conversa com os pais.

Verifique se os diálogos estão sendo feitos.

11

Maria e o nascimento de Jesus

Após a oração inicial, verificar o que os catequizandos trouxeram anotado referente ao "Compromisso do encontro" anterior.

Celebração

Sugestão: organizar uma entrada solene da Bíblia junto com a imagem de Nossa Senhora, cantando *Maria de Nazaré* (Pe. Zezinho – CD Sempre Maria).

Proclamação da Palavra de Deus
Lc 2,1-14

Reflexão
Comentar com os catequizandos que Deus Pai poderia ter escolhido um palácio para o seu Filho nascer, mas escolheu um estábulo, para nos ensinar que encontramos a felicidade nas coisas simples e não na riqueza. Por exemplo: às vezes, os pais preparam um quarto tão luxuoso, com tantos enfeites para o bebê, que as pessoas ao visitá-lo ficam encantadas com tantas coisas bonitas. Entretanto, o recém-nascido acaba deixando de ser o motivo de maior encanto. Com certeza, as coisas simples nos ajudam a enxergarmos o que realmente merece a nossa atenção.

Leve-os a pensar: em sua vida, o que você acha mais importante: *ser* (bom, educado, estudioso, sincero, inteligente...) ou *ter* (roupas novas, tênis "da hora", casa bonita, brinquedos sofisticados...? Deixe-os falar.

Partilha
Explorar com os catequizandos o que Jesus lhes ensina com o seu nascimento. Em seguida, questione-os: Vocês são felizes na família onde nasceram?

Atividades

1) Ajude-os a descobrir qual a lição de vida que cada um tirou com o nascimento de Jesus.

2) Para realizar esta atividade o catequizando poderá trabalhar com colagem, cartaz e até realizar uma amostra de desenhos do nascimento de Jesus. Caso deseje e seja possível, não é necessário se prender ao que consta no livro do catequizando.

3) Orientá-los na elaboração de um painel sobre Nossa Senhora. Neste momento, julgamos importante perguntar quais os nomes que eles conhecem de Nossa Senhora e, depois, esclarecer que os povos, ao longo dos tempos, deram-lhe muitos títulos conforme os lugares onde ela apareceu ou por outros motivos. Mas, todos eles se referem a uma só pessoa: Maria, a Mãe de Jesus e nossa Mãe.

4) Seria expressivo explicar o significado da oração "Ave-Maria" comentando que é a saudação do Anjo Gabriel à Maria anunciando que é escolhida por Deus, é cheia de graça e repleta do Espírito Santo, pois o Senhor está com ela. Ela é a mãe de Jesus e de todos nós. Por isso, podemos lhe confiar todos os nossos pedidos.

Propor aos catequizandos que se ajoelhem, fechem os olhos e, em silêncio, pensem no amor de Maria, e juntos rezem a Ave-Maria. Seria interessante ornamentar a sala de catequese com uma imagem de Maria.

Compromisso do encontro

1) Pedir que anotem, resumidamente, o que mais gostaram de aprender.

2) Pedir que leiam (Lc 1,46-55), pausadamente, e meditem a oração feita por Maria.

Diálogo com a família

Motive-os a contar a seus pais o que Jesus lhes ensinou com o seu nascimento. E refletir como tem sido o sim deles, diante da vontade de Deus.

12

SERMÃO DA MONTANHA, IDEAL DO HOMEM NOVO

Celebração

Proclamação da Palavra de Deus
Mt 5,1-12

Reflexão

Comentar que Jesus vem renovar o nosso coração e nos propõe uma mudança radical: um novo nascimento. Somos chamados a amar, perdoar e fazer o bem a todos, sem distinção, especialmente àqueles que nos ofendem ou nos fazem algum mal.

Partilha

Questionar os catequizandos sobre qual é a maior dificuldade deles para viver o que Deus lhes pede por meio desta Palavra. Como eles se sentem quando vencem esta dificuldade?

Atividades

1) Pedir que, após terem partilhado, anotem quais os ensinamentos que Jesus lhes deixou por meio das bem-aventuranças.

2) Para fazer esta atividade, dividir a turma em dois grupos, para que cada grupo responda, em folhas separadas (providenciá-las antecipadamente), as perguntas referentes aos quatro diálogos.

Iniciação na fé – Preparação para a Primeira Eucaristia (catequista)

Trabalhar em grupo desenvolve a solidariedade, a cooperação e a partilha.

Após responderem, um representante de cada grupo deve ler os diálogos, as perguntas e as respostas do seu grupo. Pedir que todos prestem atenção, para depois cada um registrar a sua conclusão pessoal.

Dar oportunidade aos catequizandos para falarem de outros casos parecidos, que já vivenciaram, relacionados à justiça e ao amor.

3) Caça-palavras. Para fazer esta atividade, dividir a turma novamente, mas, desta vez, em grupos menores.

Orientá-los de forma que o grupo que terminar primeiro ajude o grupo que ainda não terminou a encontrar as palavras.

Compromisso do encontro

1) Ajudá-los a resumir o que foi abordado no encontro.

2) Comentar com eles a importância de acolherem e colocarem em prática o que aprenderam; esta é a finalidade da proposta de cada encontro.

Diálogo com a família

Pedir que conversem com os pais sobre como têm sido as atitudes deles em relação à justiça e ao amor para com os pobres, marginalizados, desempregados...

Obs.: Sugerimos recolher os livros para que você e também o(a) catequista dos pais possam, pelas respostas dos diálogos, verificar o crescimento espiritual dos pais e filhos. Poderá deixar uma mensagem de elogio ou incentivo, devolvendo-os no encontro seguinte. Sempre que recolher os livros, ao devolvê-los, peça-lhes que realizem o compromisso do encontro anterior e o diálogo com a família.

13

As Parábolas do Reino

Verificar se os catequizandos tiveram algumas dúvidas referentes ao "Compromisso do encontro" anterior, e esclarecê-las.

Celebração

Proclamação da Palavra de Deus
Lc 11,5-8

Reflexão
Comentar com os catequizandos sobre a importância de serem perseverantes e não desanimarem diante das dificuldades. Muitas vezes desistimos das coisas difíceis e optamos pelo que é mais fácil. Mas não é isso que Jesus nos ensina, pois, se agirmos assim, onde está a nossa fé e confiança em Deus? Se não perseverarmos nas dificuldades, como saberemos se somos ou não capazes?

Partilha
A partir do texto bíblico, explorar o assunto com perguntas. Vocês são pessoas perseverantes, insistentes diante das coisas difíceis ou geralmente escolhem o que é mais fácil?

Atividades

1) Orientá-los a anotar o que cada um precisa fazer para se tornar perseverante a cada dia.

Iniciação na fé – Preparação para a Primeira Eucaristia (catequista)

2) Você poderá narrar a Parábola da Ovelha Perdida que se encontra em Lc 15,4-7 (se possível, utilize fantoches). A seguir, damos uma sugestão:

> Um homem era pastor de cem ovelhas. Um dia ele percebeu que faltava uma ovelha em seu rebanho; ela tinha se perdido. Então ele deixou as outras noventa e nove no campo e foi procurar a ovelha perdida. Depois de um tempo, o pastor encontrou-a. Feliz, colocou-a carinhosamente nos ombros e voltou para o campo. Naquele dia, ao voltar do trabalho, o homem falou para os seus vizinhos:
>
> – Fiquem contentes comigo, porque eu encontrei minha ovelha que estava perdida![7]

– Poderá concluir:

A desobediência às coisas de Deus nos afastam de Jesus que é o nosso Pastor. Ele não nos abandona, mas nos dá oportunidade de enxergarmos o nosso erro e nos arrependermos e, com carinho, cuida de cada um de nós. Jesus, certamente, fica muito contente com as pessoas que se arrependem dos seus erros e voltam para junto dele, do mesmo modo que o pastor da história ficou alegre ao encontrar a ovelha perdida.

– Orientar os catequizandos para expressarem, por meio de desenhos ou frases, as atitudes de quatro ovelhinhas desgarradas que existem nos dias de hoje: a ovelhinha desobediente, a egoísta, a mentirosa e a preguiçosa.

– Caso necessário, poderá dar-lhes um exemplo de situação do dia a dia em que às vezes nos comportamos como uma dessas ovelhinhas.

3) Parábola da Pedra Preciosa[8]: Mt 13,45-46.

• *Material*: pedras pequenas (tantas quantas forem os catequizandos) e uma pedra maior.

• Contar, com suas palavras, esta parábola, realizando a seguinte dinâmica:

---

[7] DIOCESE DE PIRACICABA. *Nossa conversa com Jesus*, p. 30 (adaptação) [Parábolas do Reino de Deus].
[8] Ibid., p. 9.

Parte I – História da salvação

– Antes dos catequizandos chegarem para o encontro, você poderá deixar escondidas as pedras pequenas (lugar fácil de encontrar) e a pedra maior (lugar difícil de encontrar).

– Primeiramente, contar a parábola, em seguida dar alguns minutos para procurarem as pedras, dando "dicas" para que alguém encontre a pedra grande.

– Depois, perguntar-lhes:
- Foi preciso mais esforço para encontrar a pedra grande ou a pequena?
- Ficamos alegres ou tristes quando encontramos alguma coisa que procuramos?

– Após responderem, pedir que segurem na mão a pedra pequena, a qual representa aquilo que nos traz felicidade passageira. Exemplo: não vemos a hora de ganhar um determinado brinquedo; quando ganhamos, ficamos felizes, mas logo estamos querendo outro. Deixá-los dar outros exemplos de felicidade passageira.

– Em seguida, segure em sua mão a pedra maior e explique o que ela significa, dizendo que a pedra de grande valor para nós é conhecer Jesus Cristo e viver seus ensinamentos, que nos trazem a verdadeira felicidade.

Perguntar-lhes:
- O que devemos fazer para adquirir essa pedra preciosa e, assim, sermos felizes? (deixe-os falar).

– Depois, poderá concluir dizendo: É importante aproveitar bem esse tempo de catequese para conhecer melhor Jesus. Aprendendo com Ele a praticar boas ações, ajudar as pessoas, repartir o que temos, perdoar aqueles que nos ofendem, levar alegria àqueles que estão tristes... Quando fazemos isso, Jesus enche o nosso coração de felicidade.

- Ajudá-los a tirar uma mensagem desta parábola, convidando-os a anotá-la no livro.

Compromisso do encontro

1) Orientá-los para que escolham a parábola que mais lhes chamou atenção e anotem qual a sua principal mensagem.

2) Motivá-los a realizar a proposta deste encontro.

Diálogo com a família

Incentive-os a contar aos pais o que aprenderam com a Parábola da Pedra Preciosa. Motive-os a conversar com eles sobre as coisas que os impedem de caminhar em busca dessa pedra.

14

MILAGRES, SINAIS DE SALVAÇÃO

Celebração

Proclamação da Palavra de Deus
Mt 8,23-27

Reflexão
Refletir com os catequizandos que a tempestade fez com que os discípulos acordassem e enxergassem a glória de Deus. Caso contrário, continuariam dormindo e não enxergariam nada. Dar-lhes alguns exemplos: uma briga, nota baixa na escola, discussão ou desemprego na família... são tempestades que atravessamos na vida. Precisamos ter fé e acreditar que Deus proverá. Não devemos esperar as coisas caírem do céu, mas nos colocarmos à disposição. No caso de uma briga, procurar se reconciliar; diante de uma nota baixa, estudar mais... As tempestades e as nossas limitações nos ajudam a enxergar muitos milagres em nossa vida.

Partilha
Explorar com eles as perguntas: Vocês já atravessaram alguma tempestade em suas vidas? Conseguiram enxergar a presença de Jesus nesta situação?

Atividades

1) Orientá-los para que anotem algum acontecimento difícil de sua vida em que Jesus os ajudou.

Parte I – História da salvação

2) Sugerimos construir um painel com o título: "Os milagres em nossa vida". Pedir aos catequizandos que respondam as perguntas no livro.

A conclusão pessoal poderá ser escrita em uma folha à parte (providenciar), a qual será afixada no painel e lida por todos.

3) Orientá-los a ler juntos o texto Mt 9,27-31 e responder as perguntas dois a dois.

Depois, cada dupla partilha com todo o grupo a resposta da última pergunta.

Em seguida, poderá concluir: após o milagre, os olhos dos cegos se abriram e eles puderam enxergar. Muitas vezes nós somos cegos e não conseguimos enxergar as maravilhas que Deus realiza em nossa vida.

Sugestão: poderá fazer uma oração espontânea (os catequizandos repetem), pedindo a Deus que abra os olhos de todos para valorizarem tudo que Deus realiza em suas vidas e pedindo, também, o dom da fé.

Em seguida, convide-os a agradecer a Deus, de maneira espontânea, algum milagre ocorrido em suas vidas ou na de seus familiares.

Compromisso do encontro

1) Ajudá-los a resumir o encontro.

2) Orientá-los a se expressarem por meio de um pequeno texto, os milagres (sinais) que gostariam que Deus realizasse na família deles.

Diálogo com a família

Pedir que aproveitem o momento do diálogo para refletirem e partilharem em relação aos milagres na família.

15

Oração, água viva para o ser humano

Orientações

Para que este encontro desperte nos catequizandos o prazer de rezar é importante que os catequistas se reúnam e combinem o máximo de criatividade (músicas, gestos, cartazes ilustrativos, refeição...) a fim de levá-los a uma experiência de liberdade, paz e alegria ao entrarem em sintonia com Deus, através da oração.

Preparar o ambiente, arrumando a mesa com toalha, flores, vela e Bíblia.

À parte, deixar outra mesa arrumada com bolachas, suco (ou refrigerante) etc., que fará parte deste encontro no momento da partilha dos alimentos (refeição). Se possível, dividir as tarefas com os demais catequistas, unindo os diversos grupos para este encontro.

É importante que antes de cada oração seja explicado, brevemente, o seu significado, despertando neles maior atenção diante das *palavras* que pronunciarão no momento das orações.

Sugerimos usar todo o horário do encontro dentro do tema: *oração*. Ao terminar poderá perguntar-lhes: quanto tempo vocês rezaram, hoje?

Ao finalizar é importante dizer-lhes que não devemos fazer oração apenas quando temos tempo. Devemos, sim, reservar um tempo para rezar, agradecendo a Deus o que somos e o que temos e lhe pedir o que necessitamos e só Ele pode nos dar.

Se possível, na hora do abraço da paz, colocar uma fita K7 ou CD com um canto de paz, enquanto eles se cumprimentam.

Parte I – História da salvação

Celebração

Proclamação da Palavra de Deus
Lc 11,9-10

Reflexão

Comentar que Deus é nosso Pai e sabe o que é melhor para nós. Ele conhece o nosso coração e a nossa necessidade. Ao ouvir os nossos pedidos, certamente os realizará conforme a sua vontade. É importante rezarmos sempre, pois a oração nos aproxima de Deus. "Pedi e recebereis..." Saibamos pedir: fé, paz, confiança, união na família... Peça aos catequizandos que fechem os olhos por alguns minutos e pensem em algo que gostariam de pedir a Deus. Diga-lhes que este encontro será totalmente dedicado à oração. Convide-os a elevar seu pensamento ao Pai, com orações e cantos, na certeza de que Ele está lhes ouvindo. Não podemos perder este momento da graça.

Sugestão para explicar o significado de cada oração, antes de rezá-la:

- Quando fazemos o sinal da cruz, lembramo-nos que a nossa vida pertence a Deus e queremos estar em perfeita comunhão com Ele em nosso dia a dia.

- *Ato penitencial*: É o momento de reconhecermos que fizemos o que é mau e pedirmos perdão a Deus, com o propósito de não mais pecar.

Fechemos os nossos olhos e lembremo-nos dos nossos pecados: desobediência, mentira, raiva, briga, preguiça...

Agora, vamos pedir perdão a Deus, cantando o Ato penitencial (escolher uma música do conhecimento de todos).

Credo

No "Creio" professamos que acreditamos que Deus criou o mundo e cada um de nós. Jesus, Filho único de Deus Pai, sofreu e morreu por nós e, agora, ressuscitado, vive conosco para sempre.

Cremos: *no Espírito Santo* que anima, ilumina e santifica a Igreja; *na Igreja Católica* que vive da Palavra e do Corpo de Cristo; *na comu-*

Iniciação na fé – Preparação para a Primeira Eucaristia (catequista)

nhão dos santos que são todos os fiéis vivos ou falecidos, formando todos juntos uma só Igreja; *na remissão dos pecados*, pois, pela vontade de Cristo, a Igreja possui o poder de perdoar os pecados por meio dos sacramentos; *na ressurreição da carne*, cremos que da mesma forma que Cristo ressuscitou dos mortos e vive para sempre, assim também nós ressuscitaremos; *na vida eterna*, cremos que os que morrem na graça e amizade com Deus vivem para sempre no céu; *Amém*: crer é dizer Amém.

- *Música*: Erguei as mãos (DR – Arranjo e adaptação Pe. Marcelo Rossi – CD Músicas para louvar ao Senhor). Cantar com expressão corporal.

- *Pai-nosso*: Adoramos a Deus como nosso Pai e sentimos o quanto somos todos irmãos. Demonstramos a confiança, a segurança e a esperança que temos nele.

- *Oração ao Anjo da Guarda*: Anjos são servidores e mensageiros de Deus que nos protegem, seguram em nossa mão e nos conduzem. Todos nós temos um Anjo da Guarda. É importante pedirmos a sua proteção para que ele nos livre de todos os perigos.

- *Música*: Caminhando com Maria (José Acácio Santana – CD A tua Palavra permanece).

- *Salve Rainha*: Aclamamos Maria pelas grandes coisas que Deus realizou nela e por ela. Pedimos que ela nos mostre o caminho que é Jesus Cristo.

- *Glória ao Pai*: Exaltamos a Santíssima Trindade na grandeza de Deus Pai, nosso criador; de Jesus, nosso salvador; e do Espírito Santo, nosso santificador.

Partilha

Pedir que cada catequizando diga o que percebeu nesta experiência de oração. Depois de ter rezado e cantado todo esse tempo, como se encontra o seu coração? Quais são as orações que você faz todos os dias?

Atividades

1) Pedir que expressem com palavras como se encontram os seus corações após este rico momento de oração.

Parte I – História da salvação

2) Realizar a partilha dos alimentos. Antes, cantar uma música de agradecimento a Deus pelos alimentos que Ele nos dá. Finalizar o encontro com o abraço da paz, se possível, colocando como fundo musical um canto de paz. Realizar estas atividades de acordo com o que sua realidade permitir.

Compromisso do encontro

1) Orientá-los para que anotem o que de mais significativo aprenderam sobre a oração, neste encontro.

2) Pedir para que se esforcem para realizar a proposta do encontro.

Diálogo com a família

Motive-os a fazer o diálogo com os pais sobre o valor que eles têm dado à oração em família e colocar em prática a experiência que lhes foi sugerida neste item.

16

Paixão e morte de Jesus

Celebração

Obs.: o catequista deve proclamar a Palavra. Em seguida, pedir que se ajoelhem e façam alguns minutos de silêncio.

Proclamação da Palavra de Deus
Lc 23,33-34.44-46

Reflexão
Comentar que Jesus é o Cordeiro de Deus que tira o pecado do mundo. Ele deu a sua vida para nossa salvação.

Partilha
Explorar entre os catequizandos o que eles têm feito aos outros diante do que Jesus fez por eles.

Atividades

1) Orientá-los para que anotem o que cada um tem feito de bom aos outros.

2) Para esta atividade, dividir a equipe em 4 grupos, de modo que cada grupo expresse, com desenhos, os acontecimentos do texto estudado por eles. Elaborar painéis para afixar os desenhos.

Parte I – História da salvação

Providenciar com antecedência: cartazes (em cartolina ou outro tipo de papel) escrevendo uma mensagem de cada texto estudado, de modo que todos possam ler juntos para memorizar.

É importante que os catequizandos não vejam estes cartazes antes da hora, de modo que estes não interfiram no trabalho a ser executado. O objetivo do cartaz é apenas complementar as mensagens que os grupos conseguiram tirar dos textos.

Sugestão:

• *Jo 13,1-15*: No lava-pés, Jesus nos ensina: a humildade, servir as outras pessoas, ajudar os irmãos...

• *Mc 15,1-15*: Não devemos julgar as pessoas e, sim, tratá-las como "filhos de Deus".

• *Mc 15,16-20*: Devemos ter piedade e ajudar as pessoas que precisam de nós.

• *Mc 15,21-28*: Jesus nos amou até o fim. Fora da cruz não existe salvação.

Após estas reflexões, ajudá-los a tirar uma mensagem para a vida deles, a qual deverá ser anotada no livro.

3) Canto: *Bendita e louvada seja* (Folcmúsica religiosa – CD As mais lindas canções da Igreja Católica) ou outro canto de louvor à Santa Cruz.

Sugestão: segurar uma cruz erguida no momento deste canto (providenciá-la com antecedência). Todos poderão beijá-la.

É importante que você leia com ênfase a introdução do canto que consta no livro do catequizando, despertando neles o desejo de cantar e beijar a cruz.

Compromisso do encontro

1) Ajudá-los a resumir o encontro.

2) Motivá-los a realizar a proposta que consta no livro do catequizando.

Diálogo com a família

Pedir que conversem com seus pais e reflitam de que maneira eles têm agido em relação aos momentos de dificuldades.

Leve-os a valorizar cada vez mais este momento de grande importância na família.

Verifique se os diálogos estão sendo feitos.

17

Ressurreição e ascensão de Jesus

Celebração

Proclamação da Palavra de Deus
Lc 24,1-8.50-52

Reflexão
Conscientizar os catequizandos que a ressurreição nos dá a certeza que Jesus venceu a morte e hoje está vivo e ressuscitado, presente no meio de nós. A perseverança até o fim o levou à vitória. Ele nos ensina a sermos pessoas animadas e corajosas.

É importante dizer-lhes que o objetivo da catequese é levá-los a se encontrar com Cristo vivo e se tornar novas criaturas. Este encontro acontece quando acreditamos na sua ressurreição e no seu poder, e sentimos o desejo de seguir todo seu ensinamento.

A ascensão do Senhor ao céu significa a volta de Jesus ao Pai, onde os nossos olhos não o alcançam mais. Mas Ele continua presente no mundo e nos envia o seu Espírito.

Partilha
A partir do texto bíblico explorar o assunto com as perguntas: Você acredita no Cristo vivo? Tem sido obediente aos seus ensinamentos?

Atividades

1) Orientá-los para que respondam as perguntas indicadas no livro do catequizando.

Iniciação na fé – Preparação para a Primeira Eucaristia (catequista)

2) Cruzadinha. Caso os catequizandos tenham dificuldades em descobrir as palavras, ajude-os; porém, primeiramente, deixe-os pensar:

1. DESAPEGADA; 2. SÁBIA; 3. SIMPLES; 4. SINCERA; 5. CORAJOSA; 6. ALEGRE.

3) Sugestão para orientar essa atividade: além das perguntas relacionadas aos símbolos da Páscoa, o catequista, de acordo com a sua realidade, poderá organizar um painel com símbolos e uma frase explicativa para cada um, junto com os catequizandos.

Compromisso do encontro

1) Ajudá-los para que expressem o que entendem por ressurreição e ascensão.

2) Motivá-los a realizar a proposta indicada e lembrá-los que a realização deste compromisso deverá ser partilhada no próximo encontro.

Diálogo com a família

Orientá-los a refletir com seus pais de que maneira eles têm testemunhado Cristo vivo e ressuscitado em suas vidas.

18

O Espírito Santo, dom de Deus

Antes de iniciar, pedir que os catequizandos partilhem o compromisso do encontro anterior.

Celebração

Iniciar o encontro com o canto *A nós descei* (CD As mais lindas canções da Igreja Católica) ou com a "Oração ao Espírito Santo".

Proclamação da Palavra de Deus
At 2,1-4

Reflexão
Comentar com os catequizandos a importância de valorizarmos o Espírito Santo, o qual recebemos no dia do nosso batismo. Jesus nos envia o seu Espírito, para nos fortalecer, iluminar e, assim, nos tornarmos seus discípulos. É importante pedirmos a sua ajuda, pois só assim agiremos conforme a vontade de Deus.

Sugere-se contar uma história, como a que propomos na sequência, para falar da importância de pedirmos todos os dias a luz do Espírito Santo, e assim realizarmos a vontade de Deus em nossa vida.

> Em uma certa cidade, numa avenida bastante movimentada, vivia um aleijado pedindo esmola a cada motorista que parasse o carro no semáforo. Certo dia, um casal passou por ali e parou o carro no sinal e o aleijado pediu esmola. O motorista deu-lhe uma moeda. Uma semana depois, este

Iniciação na fé – Preparação para a Primeira Eucaristia (catequista)

> casal precisou retornar a esta cidade e se deparou novamente com ele no semáforo. A esposa do motorista logo viu o aleijado que já estava vindo e disse: "De novo este homem pedindo esmola! A semana passada nós já demos dinheiro a ele. Hoje não vamos ajudá-lo de novo". Quando, de repente, o marido dela disse: "Eu quero dar esmola a ele, pois eu jamais gostaria de estar no seu lugar e ganhar o sustento desta maneira. Que Deus o ajude e eu possa sempre contribuir com os que necessitam. Isto é o mínimo que posso fazer diante do que Deus faz por mim".

Poderá concluir: Somente iluminados pelo Espírito Santo temos condição de praticarmos boas ações e, assim, um dia entrarmos no Reino de Deus. O motorista, iluminado pelo Espírito Santo, soube reconhecer a vontade de Deus e teve compaixão do irmão.

Partilha

Explorar entre os catequizandos que momentos da vida se deve pedir ajuda ao Espírito Santo. Poderá dar exemplos: inspirar na oração, nos estudos, ânimo para participar dos encontros da catequese...

Atividades

1) Orientá-los a anotar em que situações de suas vidas eles sentem necessidade de pedir ajuda ao Espírito Santo e por quê?

2) Ao trabalhar com os símbolos poderá enriquecer, organizando um quebra-cabeça com figuras dos símbolos.

3) Essa atividade poderá ser realizada usando a lousa/quadro para escrever, substituindo na letra da música o dom e o nome dos catequizandos.

Ex.: Quando o Espírito do Senhor se move em mim eu *nado* como o *Rafael*. (bis)
Eu *nado*, eu *nado*, eu *nado* como o *Rafael*. (bis)

Sugestão: Para dinamizar ainda mais esta atividade, levar uma bola (pode ser uma bolinha de tênis).

Você poderá dar início jogando a bola para um catequizando. Na sequência, este, depois de anotar na lousa o seu dom e o seu nome, passa a vez jogando a bola para outro colega; e assim sucessivamente.

Parte I – História da salvação

Depois de reconstruída a música, convidar todos a cantá-la com expressão corporal.

4) Encerrar o encontro com orações espontâneas, pedindo que cada catequizando pense em sua família, no que mais estão necessitando no momento (dar-lhes alguns exemplos: alimentos, paz, harmonia, união...). Após as preces, rezar um Pai-nosso.

Compromisso do encontro

1) Orientá-los a resumir o que aprenderam sobre o Espírito Santo.

2) Motivá-los a colocar em prática o que lhes é proposto neste encontro.

Diálogo com a família

Incentivá-los a conversar com os pais sobre a ação do Espírito Santo na vida deles.

Obs.: Se possível, recolha os livros para que você e também o(a) catequista dos pais possam, pelas respostas dos diálogos, verificar o crescimento espiritual dos pais e dos filhos. É aconselhável sempre deixar uma mensagem de incentivo aos catequizandos.

19

A Igreja, continuação da obra de Jesus Cristo

Celebração

Proclamação da Palavra de Deus
At 2,42-47

Reflexão

Explorar com os catequizandos a importância de participarmos da comunidade do nosso bairro. Algumas pessoas frequentam a missa cada semana numa igreja. Conhecer uma outra comunidade é importante; porém, mais importante é participarmos e assumirmos a nossa. Conhecemos e valorizamos a nossa Igreja, a partir do momento que participamos ativamente, e descobrimos o nosso lugar, o nosso ministério (função) e nossa corresponsabilidade.

A cada semana que nos reunimos para celebrar temos a oportunidade de conhecer e amar as pessoas como uma grande família e, quando um falta, o outro já procura saber o que aconteceu. Nós somos irmãos e irmãs do mesmo Pai.

Partilha

Conversar sobre como tem sido a participação de cada um na comunidade. Questioná-los com as seguintes perguntas: Quando seus companheiros de catequese faltam ao encontro ou à missa, vocês se preocupam em saber o que aconteceu? Têm contribuído com as suas

Parte I – História da salvação

ofertas toda semana, partilhando com a Igreja (povo de Deus) uma pequena quantia diante de tudo o que Deus lhes dá? Como está o comportamento de vocês dentro da igreja? Têm guardado o silêncio? Diante destas e tantas outras coisas, em que vocês devem melhorar?

Atividades

1) Orientá-los na resposta de modo que explorem a participação na comunidade, envolvendo o comportamento e a sua partilha (oferta).

2) Antes de realizar a atividade, ler e conversar com eles sobre os mandamentos da Igreja que se encontram no final do livro do catequizando.

3) Comentar que em todos os setores sociais existe uma ordem nas funções que as pessoas executam. Assim, também, essa organização existe na Igreja.

4) Dividir a equipe em dois grupos. Cada grupo constrói um caça-palavras com palavras importantes do texto inicial. Depois devem trocar os livros com os colegas do outro grupo, de modo que ambos descubram as palavras do diagrama. Se necessário, auxilie-os citando algumas palavras. Por exemplo: DISCÍPULOS, JESUS, PEDRO, POVO DE DEUS, PAPA, BISPOS, MARIA, IGREJA, EVANGELHO, SACRAMENTOS.

Compromisso com o encontro

1) Ajudá-los a resumir o encontro.

2) É importante dizer-lhes que a caridade é um gesto de amor aos irmãos. Incentivá-los a participar do gesto concreto desse encontro. Lembrá-los que no próximo encontro serão arrecadados os alimentos para doação.

Diálogo com a família

Convidá-los a participar com entusiasmo da entrevista a ser realizada com seus pais sobre: Ser Igreja é participar.

20

Vida eterna, a vida em Deus

Antes de iniciar, recolher os alimentos solicitados no encontro anterior, doados pelos catequizandos e, também, solicitar que leiam a entrevista realizada com os pais.

Celebração

Proclamação da Palavra de Deus

Mt 7,13-14

Reflexão

Levá-los a refletir o valor da liberdade que Deus nos dá, e a escolha que devemos fazer diante das coisas dele, pois as coisas do mundo nos levam a pecar, nos afastando de Deus. Sugere-se contar a seguinte história:

> Em uma cidade moravam um casal e seus 5 filhos. Certo dia, o filho de 18 anos não quis mais acompanhar os pais à missa. Havia descoberto, por meio de amigos, que o mundo oferecia coisas mais interessantes e mais prazerosas do que a Igreja. Começou a se envolver no caminho da droga, tornando-se um traficante. Os pais o aconselhavam a mudar de vida, mas ele não os ouvia. Até que, certo dia, foi pego em flagrante na frente da escola onde estudava e foi preso. Com a sua prisão ele contribuiu para que a sua família se desestruturasse. Sua mãe não fazia outra coisa a não ser chorar; seu pai não tinha ânimo para trabalhar. Seus irmãos sentiam muitas saudades e choravam muito. Durante os anos de prisão ele percebeu o valor da liberdade que Deus nos dá e que, infelizmente, muitas vezes não sabemos aproveitar. Esta lição o ajudou a mudar de vida e optar pelas coisas de Deus. E sua família voltou a ser, novamente, uma família feliz.

Parte I – História da salvação

Poderá concluir: Jesus nos ensina a escolhermos o caminho da cruz, o caminho da obediência total aos mandamentos de Deus, que é o caminho da vida eterna e da felicidade sem fim.

Partilha

Questionar os catequizandos quais as escolhas que têm feito diante do caminho que a Igreja lhes oferece por meio da catequese e o que o mundo lhes oferece, pelos meios de comunicação?

Que esforço têm feito para permanecer no bom caminho?

Atividades

1) Orientá-los a desenhar os dois caminhos que Jesus nos mostra no Evangelho partilhado e circular o qual devem seguir.

2) Para o trabalho em grupo providenciar folhas em branco para que anotem as respostas, explicando que, primeiramente, deverão ler os textos bíblicos e depois responder as perguntas.

Cada grupo ao apresentar o seu trabalho deverá, antes, contar brevemente o que diz o texto bíblico. Em seguida, ler as perguntas que constam do livro e as respectivas respostas encontradas pelo grupo.

Obs.: Se as respostas estiverem incorretas ou incompletas, é importante corrigi-las ou completá-las. Se necessário, ajude-os a identificar a mensagem que aprenderam e poderiam ensinar.

3) Além dos catequizandos realizarem a atividade que consta no livro, você poderá lhes propor que completem com outros aspectos do texto que poderiam ter sido abordados nas colunas.

Compromisso do encontro

1) Orientá-los que a atividade 3 do livro os ajudará em suas respostas sobre a vida eterna.

2) Motivá-los a realizar o que lhes foi proposto no livro.

Diálogo com a família

Motive-os a contar a seus pais o que aprenderam neste encontro. Depois, refletir o que sabem sobre a vida e sobre a morte.

PARTE II

Os sacramentos

1

Os sacramentos, sinais de Jesus Cristo no caminho

Celebração

Proclamação da Palavra de Deus
1Cor 1,4-9

Reflexão

Conversar com os catequizandos sobre a história da salvação, que é a história das maravilhas de Deus, que continuam também hoje, para nossa geração, por meio da fé. A pessoa que tem fé continuamente encontra sinais.

Você poderá perguntar-lhes: Se vocês fossem viajar por muito tempo, o que levariam em sua mala como lembrança de seus pais, de um amigo ou amiga?

Dizer-lhes que aquele objeto é um sinal que o fará se lembrar desta pessoa querida. Os sacramentos são os grandes sinais do amor de Deus. Assim entendemos a graça que nos foi dada em Jesus Cristo. O amor e o carinho de Deus acompanha seus filhos, do início até ao fim. Em Jesus Cristo morremos para os nossos pecados e nascemos de novo. Ele nos fortalece com seu Espírito e nos alimenta, perdoa os nossos pecados, cura as nossas feridas, nos chama para viver numa família cristã, nos dá pastores que nos acompanham e conduzem na comunidade. Tudo isto são sinais do amor de Deus por nós, como a mãe que cuida do filho.

Iniciação na fé – Preparação para a Primeira Eucaristia (catequista)

Partilha

A partir do texto bíblico e da reflexão, questioná-los: Jesus é a fonte de todo sacramento. Nele fomos cumulados de quê? Quem nos fortalecerá até o fim da vida? Quais os sinais que fazem você se lembrar de Deus?

Atividades

1) Orientá-los para que anotem os sinais que lhes fazem lembrar-se de Deus.

2) Para realizar esta atividade, é importante falar sobre cada um dos sacramentos sem avançar em demasia, pois serão tratados separadamente. Se for necessário, ajudá-los, desenhando os símbolos na lousa ou trazendo figuras.

3) Visita à igreja ou capela.

Materiais: providenciar um recipiente com água, se possível, benta; marcadores de página para todos os catequizandos (*Sugestão*: conforme modelo no final deste encontro).

• Antes de se dirigirem à igreja, explicar aos catequizandos o porquê dessa visita: a própria igreja é sacramento. Ela é sinal da presença de Jesus. *Obs.*: se a comunidade se reúne em um barracão, explicar que este local não deixa de ser igreja porque nele existe uma comunidade viva que forma a "Igreja viva".

• Dizer-lhes que a igreja é um lugar sagrado que merece muito respeito.

• Convide-os a entrar na igreja onde nos reunimos para celebrar a nossa fé. Ela nos alimenta com a Palavra de Deus e os sacramentos.

• Colocar um recipiente com água (se possível, benta) na entrada da igreja, para que os catequizandos molhem as pontas dos dedos e façam o sinal da cruz, em lembrança do dia em que entraram pela primeira vez, como batizados.

• Dirigir-se à pia batismal. Falar que a Igreja é nossa mãe, que nos dá a vida pelo batismo. A pia batismal é o lugar onde nascemos para a vida nova em Cristo. Há lugares onde não tem pia batismal, por exemplo, em capelas. Lembrá-los que a pia batismal se encontra na Matriz, que é a igreja principal da paróquia, a qual

Parte II – Os sacramentos

tem uma área abrangente e dentro desta área tem esta Igreja-mãe da comunidade, e é de lá que vêm as orientações pastorais para as comunidades menores ou capelas.

- Agora, todos se dirigem à Mesa da Palavra. Dizer: este é o lugar onde é proclamada a Palavra de Deus, que nos alimenta. É um lugar de muito respeito.

- Em seguida, dirigir-se até o altar. Explicar que o altar é Cristo, centro de todo o edifício. Nele o próprio Senhor entrega seu Corpo e seu Sangue como alimento para a vida de todos. Poderá fazer a correlação com a mesa da última ceia.

- Levá-los, agora, até a cadeira do presidente da celebração. Falar que ela é a cadeira de Jesus, pois o padre é o representante de Jesus, que fala com toda a autoridade.

- Mostrar a cruz e dizer que ela nos indica o Cristo morto, ressuscitado e vitorioso, que nos salvou pela cruz.

- Mostrar os bancos da igreja. Dizer: este é o lugar do povo de Deus, que somos todos nós. Jesus disse: "Pois onde dois ou três estiverem reunidos em meu nome, ali estou eu no meio deles" (Mt 18,20).

- Dirigir-se, agora, ao local onde está o Santíssimo. Lembrá-los de fazer uma genuflexão em frente ao Santíssimo em sinal de respeito e adoração. Em seguida, pedir que se ajoelhem e, em silêncio, conversem com Jesus Cristo vivo, presente ali no sacrário. Agora, podem sentar-se. Explicar que no sacrário se encontram as sagradas espécies (hóstias consagradas) que são guardadas, após a missa, para serem levadas aos doentes que não puderam participar da celebração.

- Identificar a lâmpada do Santíssimo acesa: ela é sinal da presença de Cristo vivo.

- Ao terminar a visita, em pé, rezar todos juntos o Pai-nosso. Sugerimos, também, cantar uma música bem alegre (à escolha) que seja do conhecimento de todos.

- Na saída da igreja, entregar a cada catequizando um marca-página (vide modelo na página seguinte) como lembrança dessa visita especial. Peça que leiam a mensagem e o guardem com muito carinho.

Compromisso do encontro

1) Ajudá-los a resumir o encontro.
2) Incentivá-los a realizar a proposta que consta no livro.

Diálogo com a família

Pedir que contem aos pais o que mais gostaram de aprender neste encontro e, em seguida, reflitam no valor dos sinais familiares.

Marca-página com o desenho da Nova Jerusalém

O livro do Apocalipse de São João (Ap 20–21) mostra a Igreja futura, simbolizada pela imagem de noiva, esposa, mãe, sublinhando assim a dimensão de amor e de fecundidade. A Igreja, chamada por enquanto para continuar a história da salvação, vê nesta imagem a realização, uma antecipação da Igreja definitiva, esposa do Cordeiro, embelezada para o seu esposo.

Estamos vendo uma cidade nova, a Nova Jerusalém, a cidade onde há água em abundância, a cidade celeste que desceu do céu. Na sua praça está o Cordeiro pascal, Luz do mundo, Fonte da vida e a árvore da vida, de onde jorram os 4 rios, a água viva. É a Jerusalém cheia da Glória de Deus e ornada de pérolas preciosas, "pronta como esposa que se enfeitou. Eis a morada de Deus com os homens".

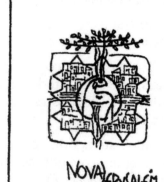

NOVA JERUSALÉM, Cidade celeste que desceu do Céu. Na sua praça está o Cordeiro Pascal, Luz do mundo, e a árvore da Vida, de onde jorram os 4 rios, a Fonte da Vida. É a Jerusalém cheia da Glória de Deus e ornada de pérolas preciosas, "pronta como esposa que se enfeitou. Eis a morada de Deus com os homens".

2

BATISMO, UM NOVO NASCIMENTO

Preparação da encenação de um batizado

Materiais:

– 1 vidro com óleo natural para a primeira unção no peito do batizando (simbolizando o óleo dos catecúmenos).

– 1 vidro com óleo para a segunda unção na testa (simbolizando o óleo do crisma ou óleo perfumado). Sugestão: colocar algumas gotas de perfume no óleo comum.

– Veste branca (ou uma folha de papel crepom branco dobrada ao meio; cortar um buraco formando o decote).

– Vela, fósforo.

– Caderno (representando o livro de batismo).

– Bacia com água (simbolizando a pia batismal).

– Bíblia.

Personagens:

– Padre (representado pelo catequista).

– Catequizando a ser "batizado" (representado por alguém do grupo; orientá-lo(a) quanto as respostas que deve dar).

– Demais catequizandos representam pais, padrinhos e a comunidade (eles farão as perguntas relativas aos sinais do batismo ao catequista, após a encenação).

Iniciação na fé – Preparação para a Primeira Eucaristia (catequista)

Celebração

A Proclamação da Palavra de Deus (Jo 3,1-8) será realizada no decorrer da encenação do batismo.

Encenação

Pe.: Qual é o seu nome? (obs.: assim que responder, anotar o nome dele no caderno que representa o livro de batismo).

C.: Meu nome é _____

Pe.: Você veio até aqui. O que você quer?

C.: Eu quero ser batizado(a).

Pe.: Por quê?

C.: Porque eu quero a fé.

Pe.: E o que a fé te dá?

C.: A vida eterna.

O Padre faz o sinal da cruz na testa do catequizando e diz:

Pe.: Nós te recebemos com grande alegria na comunidade.

Pe.: Para entendermos melhor o batismo, vamos ouvir o que nos diz a Palavra de Deus:

Proclamação da Palavra de Deus: Jo 3,1-8.

Reflexão

Comentar que o batismo é o sacramento da fé, é um novo nascimento, o nascimento espiritual dos que creem no Filho de Deus. A água do batismo é uma água que brota do Espírito de Deus. A Igreja batiza quem tem fé, mas esta é um dom de Deus. É necessário que ela cresça depois do batismo e, para isso, precisa ser apoiada na Igreja que a alimenta e fortalece. A Igreja é a comunidade dos que creem no Senhor Jesus.

Continuação da encenação

O padre, com o óleo dos catecúmenos (sem perfume), unge o catequizando no peito, dizendo:

Pe.: "O Cristo Salvador vos dê sua força. Que ela penetre em sua vida como este óleo em seu peito".

Parte II – Os sacramentos

O padre convida o "batizando" a fazer as promessas do batismo e os demais catequizandos a renovarem as promessas. (Todos respondem: renuncio.)

Pe.: Para viver a liberdade dos filhos de Deus, renunciais ao pecado?

T.: Renuncio.

Pe.: Para viver como irmãos, renunciais a tudo o que vos desune?

T.: Renuncio.

Pe.: Para seguir a Jesus Cristo, renunciais ao demônio, autor e príncipe do pecado?

T.: Renuncio.

O padre convida o "batizando" e os demais catequizandos a fazerem a profissão de fé. (Todos respondem: creio.)

Pe.: Credes em Deus Pai Todo-poderoso, criador do céu e da terra?

T.: Creio.

Pe.: Credes em Jesus Cristo, seu Filho Nosso Senhor, que nasceu da Virgem Maria, padeceu e foi sepultado, ressuscitou dos mortos e subiu ao céu?

T.: Creio.

Pe.: Credes no Espírito Santo, na santa Igreja Católica, na comunhão dos santos, na remissão dos pecados, na Ressurreição dos mortos e na vida eterna?

T.: Creio.

Pe.: Esta é a nossa fé.

T.: Amém.

Pe.: O padre convida o "batizando" a se aproximar da pia batismal (bacia com água) e, derramando água três vezes na cabeça do catequizando, diz: "...(nome)... Eu te batizo em nome do Pai, do Filho e do Espírito Santo".

Pe.: A seguir, coloca a túnica branca no "batizado" e diz: "Tu nasceste de novo e te revestiste de Cristo. Guarde esta veste sem mancha até o dia em que te apresentares diante de Deus"!

Pe.: Entrega uma vela acesa ao "batizado", dizendo: "Recebei a luz de Cristo"!

Olhando para a comunidade, diz:

– "Irmãos, pelo batismo somos todos filhos do mesmo Pai que está no céu. Rezemos, juntos, a oração que Jesus nos ensinou".

Iniciação na fé – Preparação para a Primeira Eucaristia (catequista)

> T.: (em pé) Pai nosso...
> Pe.: Agora, vamos todos aplaudir o nosso irmão mais novo na fé.
> T.: Aplausos.

Sugestão para explorar as perguntas:

a) *Por que o nome do batizado é escrito em um livro? Que livro é este?*

Todo batizado tem seu nome escrito no livro de batismo. Este livro é o sinal do livro da vida. A partir do batismo, o seu nome está escrito na palma da mão de Deus. Lembrá-los do compromisso que assumiram na celebração da inscrição do nome no livro da vida, que é uma parte do batismo.

b) *O que representa o sinal da cruz na testa?*

O sinal da cruz é o sinal do cristão, pois Jesus nos salvou pela cruz. É feito na testa, que é um lugar bem visível, para que a pessoa nunca se envergonhe de ser cristão e testemunhe Jesus em todos os momentos da sua vida.

c) *O que simboliza o óleo?*

O óleo é sinal de força e saúde. A criança é ungida para lutar contra todo tipo de mal.

d) *O que simboliza a água?*

A água é o sinal mais forte do batismo. Ela lava e purifica. A água é fonte de vida. É sinal de morte e de vida. Ao entrar na água morremos para o pecado e ao sair dela ressuscitamos para a vida nova em Cristo e recebemos o seu Espírito.

e) *O óleo usado para ungir a testa do batizado possui um perfume. Por quê?*

Porque é sinal da santidade de Deus. Todo batizado deve exalar o perfume da santidade de Deus.

f) *O que representa a veste branca?*

Representa vida limpa. É o símbolo da paz. Branco é sinal de vitória sobre o mal; é sinal de pureza. A veste branca é nosso passaporte para

Parte II – Os sacramentos

entrarmos no céu. Para conservá-la sempre branca, devemos evitar o pecado.

g) *O que significa a vela acesa?*

Representa a luz de Cristo ressuscitado. Simboliza a fé que deve iluminar a nossa vida.

Partilha

Pedir que os catequizandos, diante desta encenação e esclarecimentos relacionados às perguntas, partilhem: Você se sente feliz por ser batizado? Foi importante para você conhecer o significado dos sinais do batismo?

Atividades

1) Ajudá-los para que se expressem, com suas palavras, como se sentem por serem batizados, e como foi importante conhecer o significado dos sinais do batismo.

2) Verificar se os catequizandos têm alguma dúvida sobre o tema do encontro, esclarecendo-as. Se necessário, desenhe os sinais do batismo na lousa.

Compromisso do encontro

1) Oriente-os a expressar por meio de uma carta o que aprenderam neste encontro.

2) Conscientizá-los do valor das propostas sugeridas.

Diálogo com a família

Convide-os a conversar com seus pais sobre o batismo.

Verifique se os diálogos estão sendo feitos. Motive-os a fazê-los.

3

CONFIRMAÇÃO, A FORÇA DO ESPÍRITO SANTO

Antes de iniciar este encontro, verificar se os catequizandos realizaram as atividades contidas no "Compromisso do encontro" anterior, sobre o batismo.

Celebração

Iniciar com um canto invocando o Espírito Santo.

Sugestão: Vem, Espírito Santo! (Frei Sperandio, adaptação)

Proclamação da Palavra de Deus

At 8,14-17

Reflexão

Conversar com os catequizandos sobre a importância de receber o Espírito Santo no sacramento da Confirmação, para anunciar Jesus às pessoas, com sabedoria e sem medo.

Partilha

Poderá dizer-lhes que como batizado e participante da catequese, eles já têm condição de falar sobre Jesus a seus amigos. Questione-os: O que, às vezes, os impede de anunciar Jesus às pessoas? O medo, a vergonha, a preguiça, a falta de conhecimento dos ensinamentos dele?

Parte II – Os sacramentos

Atividades

1) Orientá-los para que anotem algo que aprenderam sobre Jesus e irão ensinar aos outros.

2) Caso os catequizandos não consigam descobrir os dons, dar "dica". No texto desta atividade se encontra uma palavra com as letras iniciais do dom correspondente: fortaleza (força), sabedoria (sábias), entendimento (entender), conselho (consultá-lo), piedade (piedosa), temor de Deus (teme) e ciência (científico).

Depois que terminarem, motivá-los a serem perseverantes na fé. Dizer-lhes que, da mesma maneira que estão se preparando com tanta dedicação à Primeira Eucaristia, possam também se preparar, mais tarde, para receber o sacramento da Confirmação.

3) Orientá-los na elaboração de um mural e finalizar convidando-os a ler juntos a oração.

Compromisso do encontro

1) Ajudá-los a resumir o encontro.

2) Orientá-los a realizar a proposta antes de fazer o diálogo com a família, pois tem algo especial que devem preparar com antecedência.

Diálogo com a família

Motivá-los a conversar com os pais, pedindo-lhes que contem de que maneira eles têm assumido sua responsabilidade de cristão adulto.

Dizer aos catequizandos que, ao fazer o diálogo com os pais, é importante não se esquecerem de entregar-lhes os dons que lhes foi sugerido na proposta do compromisso do encontro.

4

Eucaristia, a Páscoa de Jesus

Observação importante: Se possível, realizar este encontro próximo à Semana Santa.

Para este encontro, verificar a possibilidade de unir os grupos de catequizandos que estão na mesma etapa e dividir os trabalhos com os demais catequistas.

Símbolo do Mar Vermelho

Material:

– Duas folhas de papel crepom azul (representando o mar);

– uma folha de papel crepom marrom (representando a terra);

– fita adesiva.

Antes da chegada dos catequizandos colar, no chão, já na entrada da sala da catequese, a folha de papel marrom no meio e as folhas azuis, uma de cada lado (simbolizando o Mar Vermelho aberto para a passagem dos israelitas a pé enxuto), de modo que, ao chegarem à catequese, eles, simbolicamente, atravessem o Mar Vermelho.

Este símbolo somente deverá ser explicado depois da proclamação da Palavra de Deus (Ex 14,21-31), que consta da celebração.

Explicar que este sinal ficou na memória do povo, pois representa a sua libertação da escravidão do Egito.

Celebração

Proclamação da Palavra de Deus

Ex 14,21-31

Parte II – Os sacramentos

Reflexão

Explicar que a Páscoa quer dizer passagem. Deus libertou Israel da escravidão do Egito. A recordação e celebração deste fato é a Páscoa do Antigo Testamento. A Nova Páscoa é a passagem de Jesus deste mundo para o Pai, dando seu Corpo e Sangue pela redenção dos homens.

Recordar as maravilhas que Deus fez e faz em nossa vida é lembrar a passagem de Deus, é valorizar a Páscoa (vida nova) que Ele nos dá.

Levá-los a pensar num dia em que estavam doentes, de cama, e logo depois já estavam cheios de saúde, brincando.

Pedir que se lembrem também de um dia em que estavam tristes por terem tirado nota baixa na prova e, no dia seguinte, felizes por recuperarem a nota. (Deixe-os falar.)

Poderá concluir que a saúde e a alegria são frutos da passagem do Senhor, nos libertando de uma situação ruim para uma situação boa.

Partilha

Solicitar que partilhem um acontecimento da vida deles que gostam de se lembrar porque lhes fazem sentir a grandeza do amor de Deus por eles.

Atividades

1) Orientá-los para que descrevam um acontecimento que lhes chamou a atenção e os levou a sentir a grandeza do amor de Deus.

2) Orientar os catequizandos a organizar as mesas do Antigo e do Novo Testamento com os alimentos e objetos que constam no livro deles.

• Providenciar com antecedência tudo o que compõe as duas mesas.

• Após organizá-las, convide-os a cantar: "Canto das crianças?" (Kiko Argüello).

Caso não seja do conhecimento deles, o canto poderá ser lido em forma de jogral.

Iniciação na fé – Preparação para a Primeira Eucaristia (catequista)

- Dizer-lhes que a resposta à pergunta feita na música será dada pelos pais, no momento do diálogo.
- Em seguida, explicar os *sinais* das mesas do AT e do NT, conforme segue:

Mesa do Antigo Testamento

- *Ovo*: o ovo cozido simboliza a tristeza, mas olhando para ele sabemos que é sinal de vida nova, simbolizando a esperança.
- *Pão ázimo*: pão da pobreza que nossos pais comeram no deserto. *Dois pães*, como lembrança da dupla quantidade de maná que nossos pais recolhiam na sexta-feira para que servisse também para o sábado, que é o Dia do Senhor (Ex 16,9-30) (vide receita no final deste encontro).
- *Verdura amarga*: verduras, raízes fortes e legumes, como salsão, rabanete ou batata cozida, mergulhando-os em água salgada (que é posta numa tigela ao lado da travessa, simbolizando as lágrimas amargas derramadas por nossos antepassados).
- *Osso assado*: é uma lembrança ao cordeiro pascal, que era sacrificado no Templo, na véspera da Páscoa.
- *Pasta de nozes e maçãs raladas misturadas com vinho, em forma de tijolo*: simbolizam a argamassa com a qual trabalhavam os nossos antepassados, no Egito.
- *Vinho*: sinal de festa e alegria.
- *Bíblia*: Palavra de Deus.
- *Velas acesas*: sinal da presença de Deus, que nos conserva na vida.

Mesa do Novo Testamento

- *Pão ázimo*: simboliza o Corpo de Cristo.
- *Cálice com vinho*: simboliza o Sangue de Cristo.
- *Velas acesas*: sinal da presença de Deus.
- *Bíblia*: Palavra de Deus.
- *Flores* (na sala, mas não sobre a mesa).

- Agora, convide-os a se servirem dos alimentos.

Parte II – Os sacramentos

3) Solicite que completem a atividade. Em seguida, confirme se está correta para não memorizarem algo errado. Poderá fazer uma relação entre as coisas diferentes e semelhantes das mesas do AT e NT.

Compromisso do encontro

1) Ajudá-los a resumir o que significa a Páscoa de Jesus.

2) Comentar com eles a importância de realizarem a proposta deste encontro.

Diálogo com a família

Motive-os a conversar com seus pais sobre a importância da Eucaristia na vida deles.

Obs.: Se possível, recolher os livros para que você e também o(a) catequista dos pais possam verificar como está o crescimento espiritual dos pais e dos filhos. Colocar uma mensagem para a família.

Caso recolha os livros neste encontro, você poderá trazer as perguntas deste item em folhas separadas e entregá-las aos catequizandos para que façam o diálogo normalmente com os pais. Ao serem devolvidos os livros, poderão colar ou copiar novamente as respostas.

Pão ázimo

Receita

2 xícaras (chá) de farinha de trigo;

1/2 xícara (chá) de óleo de milho;

1 colher (café) de sal;

1/2 xícara (chá) de água fria.

Preparo:

Misture bem a farinha, o sal, o óleo; junte água aos poucos. Ao desgrudar bem da vasilha, amasse com as mãos durante 10 minutos.

Abra a massa com as mãos. Deixe a massa bem fina, colocando-a numa fôrma redonda untada com uma gotinha de óleo.

Iniciação na fé – Preparação para a Primeira Eucaristia (catequista)

Ao assar, coloque outra fôrma por cima para a massa não enrolar. Não é necessário corar. Cuidado para não ficar duro; quando colocar o palito de dentes e já estiver seco, já está bom. No forno médio, mais ou menos 15 minutos.

Se quiser decorar, risque com um palito de dentes em forma de cruz, antes de assar (risco superficial).

Observações:

• Siga a receita corretamente.

• O momento de amassar o pão é muito importante para que dê o ponto da massa (só coloque as mãos na massa depois que já trabalhou com as pontas dos dedos).

• Se quiser fazer um pão maior, aumente a medida proporcionalmente e tome cuidado para não errar na hora do preparo.

Sugestão: fazer o pão duas ou três vezes antes de usá-lo na celebração.

5

EUCARISTIA, CELEBRAÇÃO DA PÁSCOA HOJE

Sugestão: Se possível, juntar os grupos de catequese que estão na última etapa de preparação para a Primeira Eucaristia (dividir as tarefas entre os catequistas).

Preparação para a celebração

Materiais: (providenciar com antecedência)

- *Para a Mesa da Palavra*: mesa, toalha branca e Bíblia.

- *Para a Mesa da Eucaristia*: mesa, toalha branca, vela (fósforo), flores, vinho (representado pelo suco de uva) e pão ázimo (vide receita no encontro Eucaristia, a Páscoa de Jesus).

Obs.: Sugere-se colocar os objetos à distância; enquanto cada um deles é transportado pelos catequizandos, vai sendo explicado o seu significado e continua se desenvolvendo a celebração de maneira dinâmica.

A celebração está no livro do catequizando.

Providenciar antes da celebração:

Para a organização da Mesa da Palavra:

- Três leitores e dois catequizandos para levarem os objetos em procissão (toalha e Bíblia).

Para a organização da Mesa da Eucaristia:

- Três leitores e cinco catequizandos para levarem os objetos em procissão (toalha, vela, flores, vinho e pão ázimo).

Iniciação na fé – Preparação para a Primeira Eucaristia (catequista)

Sugestão: Colocar uma música de comunhão (como fundo musical) no momento de partilhar o pão ázimo e o suco de uva.

No momento de repartir o pão ázimo, entregar um pedaço a cada um e pedir que esperem todos receber o pão, para depois comerem todos juntos. Em seguida, servir o suco de uva.

Importante: Iniciar recordando com os catequizandos o 1º encontro sobre a Eucaristia, no qual foram organizadas as mesas do Antigo Testamento e do Novo Testamento. Deixe-os falar do que se lembram. Se necessário, poderá complementar.

Celebração

- Iniciar com o canto: *Deus Trino* (Paulo Roberto – CD Rio de Água Viva) ou outro do conhecimento de todos.

- Organização da *Mesa da Palavra*. Sugerimos que os objetos sejam levados até a mesa no momento em que forem citados na celebração.

- Entrada solene da Bíblia com o canto: *Tua Palavra é lâmpada* (Simei Monteiro) ou outro à escolha.

Proclamação da Palavra de Deus
Lc 22,7-20

Reflexão

Comentar que Cristo está presente na Eucaristia como um fogo que acende o mundo. É por Cristo, com Cristo e em Cristo que damos glória ao Pai, na unidade do Espírito Santo. É importante celebrarmos em todo o domingo, que é o dia do Senhor, o mistério pascal. Somos os convidados da ceia do Senhor.

Quando descobrimos o valor de Jesus Cristo em nossa vida, é impossível não sentirmos vontade de participar da missa. O catequizando que vem à missa por obrigação, apenas para fazer a primeira comunhão, infelizmente, ainda não percebeu as maravilhas que Deus realiza em sua vida e, por isso, não aprendeu a valorizar a Eucaristia.

Pedir que fechem os olhos e peçam a Deus a graça de tocar os seus corações para que levem a sério tudo o que estão aprendendo na cate-

Parte II – Os sacramentos

quese. Que este seja um período muito importante que lhes proporcione o encontro com Cristo vivo e sintam o forte desejo de recebê-lo na Eucaristia. Depois de alguns minutos de silêncio, continuar a celebração.

- Organização da *Mesa da Eucaristia*. Sugerimos que os objetos sejam levados até a mesa no momento em que forem citados na celebração.

- Após as explicações e orações relacionadas à mesa eucarística, convidá-los a rezar o Pai-nosso e dar o abraço da paz.

- Canto de comunhão.

- Partilha (pão ázimo e suco de uva). Explicar-lhes como devem proceder ao receber o alimento.

Em seguida, convide-os a sentar-se para fazer a partilha de vida.

Partilha

Conversar com os catequizandos questionando: Esta celebração os ajudou a perceber a beleza da liturgia? Quantas coisas são preparadas com carinho para que aconteça o grande momento de ação de graças, "a Eucaristia"? O que eles mais gostaram de saber?

Atividades

1) Orientá-los a pensar como se preparam em relação à veste e também espiritualmente para participar da santa missa.

2) Solicite que decifrem a mensagem desta atividade que é a seguinte: "Amai-vos uns aos outros assim como eu vos amei".

Compromisso do encontro

1) Orientá-los para que resumam o que entenderam por Eucaristia.

2) Incentivá-los a colocar em prática a proposta deste item.

Diálogo com a família

Convide-os a conversar com seus pais refletindo que importância eles têm dado à missa dominical.

6

Matrimônio, Sacramento da Aliança

Preparação da encenação

Materiais:

– Mesa com toalha branca, flores e Bíblia.

– 2 alianças (bijuterias).

– Veste branca para a noiva (folha de papel crepom branco; dobrar ao meio no comprimento, fazer a abertura para passar a cabeça; ficará tipo túnica).

– Arranjo para o cabelo (uma ou mais flores brancas).

– Buquê (uma ou mais flores brancas).

– Gravata para o noivo.

– Estola para o padre (fazer uma tira comprida de papel crepom).

– CD ou fita K7 com a marcha nupcial.

Personagens:

– Noiva, noivo e o padre (os demais catequizandos representam os pais dos noivos, padrinhos e convidados).

– Providenciar as falas para o catequizando que vai representar o padre, conforme consta na encenação.

– Orientar os noivos a responderem "sim" às perguntas feitas pelo padre e repetirem a fala do padre: "Eu..., te recebo..."

Parte II – Os sacramentos

– Com a ajuda dos catequizandos, arrumar o cenário; colocar nas posições: o padre, o noivo e os convidados.

– A noiva espera do lado de fora da sala e entra ao som da marcha nupcial.

Obs.: É importante que se dê nomes fictícios aos noivos, não usando seus próprios nomes para que depois do encontro não ocorram brincadeiras desagradáveis com os catequizandos personagens, e para que fique mais claro, aos demais, a representação.

Celebração

Mt 19,4-6 (A Proclamação da Palavra de Deus será realizada no decorrer da encenação).

Encenação do matrimônio

– A noiva entra ao som da marcha nupcial e todos a recebem em pé.
– O padre dá as boas-vindas a todos e a seguir proclama o Evangelho.

Proclamação da Palavra de Deus: Mt 19,4-6.

Agora, o catequista conduz a reflexão.

Reflexão

Explicar que Deus criou o homem e a mulher para a unidade. Quando um moço e uma moça decidem se casar, eles tomam uma decisão para o resto da vida. Por isso, é importante namorar para se conhecer antes de assumir tão grande responsabilidade. O namoro é um tempo de conhecimento entre a moça e o rapaz que buscam algo mais que a amizade e querem construir uma vida em comum.

O tempo do namoro não é o tempo adequado para a vida sexual. Só depois que o casal assume o compromisso matrimonial a doação do corpo pode ser realizada. Sem este compromisso o casal faz de uma coisa sagrada uma brincadeira. Do casamento nasce a vida: os filhos.

Tudo na vida tem a hora certa. Quando chegar a sua vez de namorar, não permita que a vivência sexual antecipada prejudique o seu namoro e o seu casamento.

As novelas perderam a noção do respeito ao verdadeiro amor, nos mostram uma troca de parceiros, onde tudo é permitido. Hoje muitos jovens cos-

Iniciação na fé – Preparação para a Primeira Eucaristia (catequista)

tumam "ficar" sem compromisso com ninguém, ao invés de ter um namoro sério. Assim, os dois se usam por motivos egoístas e se tornam jovens decepcionados, que não têm mais respeito e não acreditam mais em ninguém.

Não devemos nos deixar levar pela "onda" do mundo, mas pela voz de Deus que nos diz: "De modo que já não são dois, mas uma só carne. Portanto, o que Deus uniu, o homem não deve separar" (Mt 19,6).

Convidar os noivos e padrinhos a ficarem em pé, pois dar-se-á a sequência da encenação do casamento.

Padre: Vocês pretendem se casar de livre e espontânea vontade?

Noivos: Sim.

Padre: Prometem fidelidade por toda a vida?

Noivos: Sim.

Padre: Estão dispostos a acolher os filhos que Deus lhes der?

Noivos: Sim.

O padre fala e os noivos repetem:

• "Eu, _____, te recebo _____ por minha esposa e te prometo ser fiel, amar-te, respeitar-te na alegria e na tristeza, na saúde e na doença, todos os dias de minha vida".

• "Eu, _____, te recebo _____ por meu esposo e te prometo ser fiel, amar-te, respeitar-te na alegria e na tristeza, na saúde e na doença, todos os dias de minha vida".

O catequista entrega as alianças ao padre. Os noivos, segurando na mão um do outro, repetem o que o padre diz, colocando a aliança:

Padre: "Receba esta aliança em sinal do meu amor e da minha fidelidade. Em nome do Pai, do Filho e do Espírito Santo".

Todos: Pai nosso...

O padre dá a bênção: "O Senhor os abençoe e lhes dê muitos filhos. Amém". Em seguida, cumprimenta os noivos.

Todos: "Viva os noivos!" Aplausos.

Partilha

Questioná-los se o que foi refletido os ajudou a descobrir o que é certo e o que é errado diante das atitudes de namoro e casamento que as novelas apresentam.

Parte II – Os sacramentos

Obs.: Deixar espaço para que os catequizandos possam fazer perguntas relacionadas ao tema. É importante que o catequista esclareça as dúvidas.

Atividades

1) Solicite que respondam e comentem a pergunta sobre o que é certo e o que é errado no namoro e no casamento apresentado nas novelas.

2) Pedir que anotem no livro o sobrenome da família. Depois cada um deve dizer, em voz alta, a que família pertence.

3) Orientá-los a responder com sinceridade. Em seguida, pedir que escrevam a conclusão pessoal.

Encerrando este momento poderá dizer aos catequizandos: não podemos perder a oportunidade que Deus nos deu, hoje, de conhecermos melhor o sacramento do matrimônio e valorizarmos mais nossos pais e nossa família. Mas, não basta enxergarmos em que precisamos melhorar; é importante darmos um passo e iniciarmos a nossa mudança de vida a partir de hoje, na certeza que vamos contribuir para que em nosso lar reinem o amor, a união e a paz. Na família, onde cada um se preocupa e procura ajudar o outro, todos são mais felizes.

Compromisso do encontro

1) Orientá-los para que escrevam algo que aprenderam de importante sobre o matrimônio, neste encontro.

2) Incentivá-los a valorizar e colocar em prática a proposta do encontro.

Diálogo com a família

Pedir que não deixem de contar aos pais o que aprenderam neste encontro e aproveitem para acolher o ensinamento deles em relação ao que é preciso para ser feliz no namoro e no casamento.

Lembrá-los que, no próximo encontro, será solicitada a mensagem dos pais às famílias.

7

ORDEM, SINAL DO BOM PASTOR

Antes de iniciar este encontro, pedir que os catequizandos leiam a mensagem de seus pais às famílias, solicitada no "diálogo com a família" do encontro anterior.

Celebração

Proclamação da Palavra de Deus

Mt 9,36-37

Reflexão

Refletir com os catequizandos que Jesus tem a preocupação de não perder ninguém daqueles que o Pai lhe confiou. Para que o povo não perdesse a fé, Jesus envia os apóstolos. Hoje os bispos, padres e diáconos, em união com o Papa, conduzem o povo de Deus que é a Igreja.

Os pais também têm a preocupação de não perderem os filhos que Deus lhes deu. Se eles não os encaminharem na fé, facilmente eles se perderão nas coisas do mundo (drogas, sexo livre, violência e tantas outras coisas). Dizer-lhes que uma das preocupações de seus pais foi encaminhá-los à catequese para conhecerem melhor Jesus e descobrirem quem vocês querem seguir em sua vida: Jesus ou outros valores? A quem vocês devem ouvir: os ensinamentos da Igreja ou daqueles que gritam mais alto no mundo?

Partilha

Questionar de que maneira cada um tem valorizado a preocupação e o cuidado de seus pais, os ensinamentos de Jesus e a pessoa do padre, que hoje representa Jesus na comunidade.

Parte II – Os sacramentos

Vocês têm procurado ouvi-los, pondo em prática o que eles ensinam?

Atividades

1) Oriente-os a dar exemplos de atitudes de obediência em relação ao que seus pais, padre... lhes ensinam.

2) Cruzadinha: Dividir a equipe em 3 ou mais grupos, deixando os grupos se formarem espontaneamente. O grupo que terminar primeiro ajuda outro grupo que ainda não terminou.

Respostas: 1. BISPO; 2. IGREJA; 3. DIÁCONO; 4. EUCARISTIA; 5. PODER; 6. PADRE; 7. ORDEM; 8. MESTRE; 9. JESUS.

3) Sugerimos esclarecer aos catequizandos as visões errôneas sobre o trabalho do padre na comunidade. Oriente-os a anotar no livro do catequizando quais as atividades do padre da comunidade deles.

4) Orientá-los a fazer uma oração pedindo a Deus o envio de mais padres e justificando o porquê. Antes do canto, cada um lê a sua oração.

5) Encerrar o encontro lendo a explicação da música e convidando todos a cantar: *A barca* (Cesário Gabarin – CD Canções para orar, 3) ou outro relativo à vocação.

Sugestão: Convide o padre para visitar o grupo durante este encontro. Caso haja esta possibilidade, preparar, antecipadamente, uma homenagem a ele, a ser realizada pelos catequizandos. Eles poderão fazer perguntas ao padre relacionadas a sua vocação.

Lembrete

Para o diálogo do próximo encontro sobre a Unção dos enfermos, convidar um menino e uma menina para se prepararem durante a semana, lendo várias vezes as "falas do diálogo", atividade 2 do livro do catequizando, para que tenham condições de interpretar e não apenas ler. Assim se expressarão com mais naturalidade, despertando maior interesse nos outros catequizandos.

Compromisso do encontro

1) Ajudá-los a resumir o encontro.

2) Pedir para que partilhem, no próximo encontro, o ensinamento que tiraram para a sua vida em relação à participação na santa missa, que é proposta no livro deles.

Diálogo com a família

Motive-os a conversar com seus pais sobre a importância do padre em sua comunidade.

8

UNÇÃO DOS ENFERMOS, SACRAMENTO DE SALVAÇÃO

Antes de iniciar, pedir que os catequizandos partilhem a mensagem relativa ao compromisso do encontro anterior.

Celebração

Proclamação da Palavra de Deus

Tg 5,14-15

Reflexão

Destacar aos catequizandos que Jesus sofreu e experimentou a dor e a morte. Maior que a dor e o sofrimento foi a doação que o fez perseverante até o fim. Com esta entrega e confiando no amor de seu Pai, Ele enfrentou e venceu a morte e fez a sua Páscoa. Hoje, vivo e ressuscitado, Ele chama todos aqueles que sofrem para se unir a sua cruz com a mesma confiança e amor ao Pai. Neste momento da vida em que a doença aparece e a velhice se faz sentir, a Igreja, seguindo o conselho dos apóstolos, vai ao encontro do doente com uma unção especial, pedindo salvação, libertação do mal e saúde.

Partilha

Explorar com os catequizandos o que ocorre quando ficam sabendo que um(a) amigo(a) da escola ou da catequese está doente. Vocês têm ido visitá-lo(a), levando uma palavra de carinho e ânimo, dando assim força a ele(a)?

Iniciação na fé – Preparação para a Primeira Eucaristia (catequista)

Nas suas orações, vocês têm se lembrado de pedir a Deus pelos doentes (amigos, parentes, idosos)?

Atividades

1) Pedir que respondam com sinceridade e reflitam se as suas atitudes estão sendo corretas.

2) "Diálogo" (consta na atividade 2 do livro do catequizando): conforme sugerido no encontro anterior, os dois catequizandos que irão apresentá-lo já foram previamente escolhidos e durante a semana já devem ter lido várias vezes as "falas". Assim poderão se expressar como se o diálogo fosse real entre eles. Não irão apenas ler o que está no papel, mas interpretar, despertando assim maior interesse nos demais colegas.

Após a encenação, explorar as respostas dos catequizandos, verificando qual é a compreensão que possuem com relação à saúde física, emocional e espiritual.

3) Cartão de visita: providenciar, antecipadamente, cartões para todos os catequizandos, que podem ser feitos em cartolina.

Sugestão: Poderá convidar, para uma visita ao grupo, um agente da Pastoral da Saúde para falar sobre o seu trabalho. Em seguida, dar oportunidade aos catequizandos de fazer perguntas referentes ao assunto tratado.

Compromisso do encontro

1) Ajudá-los a abordar qual a finalidade do sacramento da unção dos enfermos.

2) *Visita ao doente ou idoso*: dizer a eles que façam a visita, dois a dois. No próximo encontro deverão relatar a todos como foi essa experiência.

Diálogo com a família

Motivá-los a fazer o diálogo proposto com os pais sobre uma experiência de doença que os aproximou de Deus.

9

PENITÊNCIA, A CONVERSÃO CONTÍNUA

Antes de iniciar, pedir que os catequizandos partilhem a experiência referente ao compromisso do encontro anterior.

Celebração

Proclamação da Palavra de Deus

Lc 15,11-32

Reflexão

Comentar que o pecado nos afasta de Deus. O arrependimento e a confissão dos pecados nos aproxima dele. Deus é Pai, e a confissão sincera do pecado faz com que Ele nos acolha como filhos e nos dê uma paz que desconhecemos. Quando recebemos o seu perdão, experimentamos uma vida nova e não podemos fazer outra coisa senão também perdoar os nossos irmãos. É preciso, também, saber pedir perdão quando ofendemos nosso próximo e, se alguém tem alguma coisa contra nós, é preciso ir ao encontro do irmão. Precisamos eliminar todas as barreiras que existem e sempre estarmos dispostos a dar o primeiro passo. Mesmo quando o outro não quer, nós precisamos fazer sempre a nossa parte.

Partilha

Convidar os catequizandos a partilharem alguma experiência em que eles reconheceram o seu erro e pediram perdão a alguém. Questionar: Qual foi a reação da pessoa? Como vocês se sentiram?

Iniciação na fé – Preparação para a Primeira Eucaristia (catequista)

Atividades

1) Orientá-los para que partilhem uma experiência que tiveram de pedido de perdão a alguém. Pedir que anotem sobre como isso aconteceu e qual foi a reação da pessoa que recebeu o pedido de perdão.

2) Solicite que pesquisem na Bíblia.

3) Propor o exame de consciência como um passo que antecede a confissão e que poderá ajudá-los a perceber os seus pecados, erros e ainda como usar o que aprenderam na catequese para corrigir-se. Para essa atividade poderá solicitar que os catequizandos proponham questões para o exame de consciência que considerarem importantes, além das indicadas no final do livro deles.

Sugestão para auxiliar os catequizandos, caso necessário:

• Deixei de rezar ao me levantar e ao me deitar, por preguiça?

• Tenho participado da missa toda semana ou a troquei por alguma diversão? Acho que isso não é importante quando o mandamento de Deus diz que é importante?

• Tenho amado e respeitado o meu próximo como a mim mesmo?

• Desobedeci ou maltratei meus pais, professores, catequista...?

• Senti raiva, briguei ou falei mal dos outros?

• Fiz fofoca de alguém, julgando em vez de tentar ajudar?

• Tenho respeitado meu corpo, usando roupas decentes?

• Roubei alguma coisa de alguém?

• Fui egoísta, injusto ou invejoso?

• Menti ou prejudiquei a outros por mentira?

• Fui preguiçoso?

• Tenho apego ao dinheiro ou bens materiais?

• Deixei de ajudar os mais pobres?

• Qual tem sido a minha reação diante dos valores que o mundo nos oferece: televisão, novelas, músicas e danças indecentes, drogas, tatuagens...?

• Amei a Deus sobre todas as coisas?

Parte II – Os sacramentos

4) Antes de rezar o ato de contrição, é importante explorar bem o enunciado explicativo proposto na atividade.

Compromisso do encontro

1) Ajudá-los a resumir o encontro.

2) Conscientizá-los da importância de se prepararem para uma boa confissão, realizando, com prazer, o que pede esta proposta. Em casa fazer outro exame de consciência mais completo, conforme consta no final do livro do catequizando.

Diálogo com a família

Motivá-los a fazer este último diálogo com a família sobre o sacramento da penitência, que consta no livro.

Incentivá-los a conversar, sempre que possível, com seus pais sobre as coisas de Deus. O diálogo familiar deve ser algo contínuo na vida do cristão.

PARTE III

Sugestões para revisão

Paróquia _____ Comunidade _____

Catequese familiar

Nome: _____

Seu catequista: _____

Catequista dos pais: _____

Revisão (Encontros de 1 a 5 e também o encontro de introdução)

1) A Bíblia (Livro Sagrado) se divide em Antigo e Novo Testamento. Vamos recordar um pouco a criação do mundo lendo Gn 2,1-3 no AT.

Depois que Deus criou todas as coisas, Ele viu que tudo era bom. Descansou no sétimo dia e contemplou toda a sua obra de criação. Domingo é o sétimo dia da semana, é o dia do Senhor. É dia de louvar e agradecer a Deus por tudo o que Ele criou e continua a criar e por tudo o que Ele realiza em nossa vida.

Certamente, sempre lhe acontecem muitas coisas boas: na escola (por sua inteligência você é capaz de aprender muitas coisas); na catequese (você aprende a conhecer melhor a Deus e entende o quanto Ele o(a) ama); na família (você aprende a ser educado(a), ter respeito e também percebe o quanto seus pais o(a) amam e se esforçam para lhe dar tudo o que há de melhor, dentro das suas possibilidades)...

Diante destas e tantas outras coisas boas que lhe acontecem no decorrer de cada semana, você tem se lembrado de agradecer a Deus, especialmente aos domingos participando da santa missa?

( ) sim   ( ) não

Iniciação na fé – Preparação para a Primeira Eucaristia (catequista)

O que você estará celebrando no próximo domingo? Ou seja, quais coisas boas lhe aconteceram ultimamente que você gostaria de agradecer a Deus? Anote aqui e ao participar da missa celebre com alegria:

_____

_____

_____

Participar da missa semanalmente é reconhecer Deus como Senhor da nossa vida.

2) Pense um pouco na sua educação: comportamento, obediência, respeito...; na sua disposição para estudar, ler a Bíblia, fazer orações de manhã e à noite...

O que ainda precisa melhorar em você?

_____

_____

_____

_____

_____

A cada novo dia Deus nos dá uma oportunidade de sermos ainda melhores do que somos. E assim nos tornarmos cada vez mais um bom filho e um bom cristão.

3) O que é o pecado?

_____

_____

_____

_____

Maior que o pecado é o amor de Deus para com todos que se arrependem.

Parte III – Sugestões para revisão

4. Abraão foi um homem de muita fé. O que você se lembra sobre a história dele?

_____

_____

_____

_____

> Como Abraão quero ser amigo de Deus e fazer sempre o que Ele me pede.

5) José foi um dos doze filhos de Jacó. Ele soube vencer o ciúme e a inveja dos seus irmãos pelo perdão. Guardou em seu coração apenas as coisas boas e se esqueceu das ruins. Você se lembra de alguma vez em que pediu perdão, perdoou ou foi perdoado por um erro cometido?

Partilhe, com suas palavras, esta sua experiência:

_____

_____

_____

_____

_____

6) Decifre a mensagem e procure colocá-la em prática.

▼ □☻◌◗▼ ☼ ▼ ○☻✕☼Ã▼ ◗✕▲† ○▲† ☻

....

▲θ☻□✕♦▲ ▲▼ ●▼◌◌▼ ☺▼✕▲☺Ã▼

....

▲ = A ☺ = C ☼ = D ☻ = E □ = G ♦ = I θ = L ● = N ▼ = O
○ = P ✕ = R ◌ = S ◗ = T † = Z

Iniciação na fé – Preparação para a Primeira Eucaristia (catequista)

Paróquia _____ Comunidade _____

Catequese familiar

Nome: _____

Seu catequista: _____

Catequista dos pais: _____

Revisão (Encontros de 6 a 9)

1) Moisés foi um homem escolhido por Deus para libertar o povo de Israel que era oprimido e escravizado pelo rei do Egito (faraó).

Conte, com suas palavras, o que aconteceu na noite em que ocorreu esta libertação.

_____

_____

_____

_____

> Nessa mesma noite, os israelitas partiram do Egito e celebraram esse dia com uma festa, a Festa da Páscoa, a passagem do Senhor na vida deles.

2) O povo de Deus, depois da libertação do Egito, caminhou por muitos anos no deserto.

De que maneira foram alimentados por Deus?

_____

_____

_____

_____

> O deserto é um momento da nossa vida em que nem tudo acontece conforme a nossa vontade. Mais tarde, percebemos que este tempo de dureza foi o que mais nos ajudou a crescer, porque entendemos que, diante dessas dificuldades, Deus estava nos conduzindo e educando.

Parte III - Sugestões para revisão

3) Pense um pouco e responda quais são os dez mandamentos da lei de Deus:

_____

_____

_____

_____

_____

_____

_____

_____

_____

_____

> É necessário cumprir os mandamentos para jamais nos desviarmos do caminho do bem e para sermos felizes.

4) Complete:

Os _____ são pessoas chamadas por Deus para denunciar as coisas erradas e animar as pessoas na caminhada.

Quem são as pessoas importantes para você e por quê?

_____

_____

_____

_____

> Elias falou à viúva: "Sua panela de comida jamais ficará vazia, nem em sua tigela o óleo faltará, até o dia em que o Senhor enviar chuva à terra". As palavras de Elias foram de ânimo e esperança.

Iniciação na fé – Preparação para a Primeira Eucaristia (catequista)

5) Deus, nosso Pai, quer que a gente converse sempre com Ele: seja para desabafar, pedir ou agradecer alguma graça...

Que tal abrir, agora, o seu coração e fazer uma oração com suas próprias palavras?

_____

_____

_____

_____

***

Paróquia _____ Comunidade _____

Catequese familiar

Nome: _____

Seu catequista: _____

Catequista dos pais: _____

Revisão (Encontros de 10 a 20)

(Sugestão: fazer em dupla)

Preencher as lacunas e quadradinhos:

1) O anúncio mais importante feito pelos profetas foi a vinda do salvador prometido, o _____ que quer dizer ungido.

Parte III – Sugestões para revisão

2) _____ nasceu numa gruta muito pobre, em Belém. Alguns pastores foram visitá-lo no seu nascimento.

3) A mãe de Jesus chama-se _____ e nós a chamamos, carinhosamente, de nossa mãe.

4) Bem-aventurados somos nós quando deixamos de viver o egoísmo, a violência, a falsidade... e vivemos o que Jesus nos ensina: o _____ e a _____

				—							

5) Os _____ não dependem da ciência, mas da fé. Tudo depende do nosso olhar e da nossa fé que vê nos acontecimentos um sinal da bondade de Deus.

6) Jesus nos diz que seu Reino é semelhante a um _____ escondido num campo; precisamos fazer de tudo para possuí-lo, pois ele é a única coisa que realmente tem valor para nós: A UNIÃO COM DEUS.

Iniciação na fé – Preparação para a Primeira Eucaristia (catequista)

7) Complete conforme as pistas abaixo:

```
              1 □□□□ O □
         2 □□□□□ R □□
            3 □□□□□ A □□□
    4 □□□□□□□□ Ç □
                   Õ
              5 □□ E □□□□
           6 □□□□□ S
```

1) Oração pela qual professamos a nossa fé.
2) Oração que é o sinal do cristão.
3) Oração tirada da saudação do anjo Gabriel a Maria.
4) Oração em que pedimos perdão a Deus pelos nossos pecados.
5) Oração pela qual aclamamos Maria como rainha pelas grandes coisas que Deus realizou nela e por ela.
6) Oração que Jesus nos ensinou.

8) Jesus era inocente, mas foi condenado à morte na cruz pelas autoridades que não o reconheciam como Filho de Deus. Quando um inocente é acusado, o que nós devemos fazer?

Grife as alternativas corretas:
- acreditar em quem o acusa;
- mostrar a verdade;
- fingir que não sabemos nada;
- defender essa pessoa.

Parte III – Sugestões para revisão

9) Relacione a 1ª com a 2ª coluna, colocando o número correspondente:

1) Jesus venceu a morte ( ) nós também um dia ressuscitaremos.

2) Como Jesus ressuscitou ( ) Jesus nos envia o Espírito Santo.

3) Para nos iluminar e fortalecer ( ) agindo no coração de todos nós.

4) O Espírito Santo é a força do amor de Deus ( ) e saiu da sepultura com um corpo glorioso.

10) O que é a Igreja na sua opinião?

• Um prédio bonito onde se fala de Deus.

• São os padres, bispos e o papa.

• Somos todos nós que somos batizados.

11) Deus quer a nossa salvação e, por isso, nos envia pessoas para nos orientar e ensinar o verdadeiro e único caminho que nos leva ao céu: JESUS.

Na sua vida, quem são essas pessoas?

_____

_____

_____

_____

***

Iniciação na fé – Preparação para a Primeira Eucaristia (catequista)

Paróquia_____ Comunidade _____

Catequese familiar

Nome: _____

Seu catequista: _____

Catequista dos pais: _____

Revisão (Os sacramentos – Encontros de 1 a 9)

1) Decifre as palavras que estão com as letras invertidas e descubra quais são os sinais escolhidos por Jesus como sacramentos:

OSMITAB   MAÇÃORIFNOC   RISEUCAAIT

_____   _____   _____

CNIANITÊPE   ÃOUÇN ODS
                              MOSENEFR
_____
                              _____

MEDRO   OINÔMIRTAM

_____   _____

> O amor e o carinho de Deus acompanham seus filhos do início até o fim.

2) Complete as seguintes frases com alguns sinais do batismo:

_____: sinal do cristão.

_____: sinal mais forte do batismo que, ao ser imerso ou quando derramado sobre a cabeça, nos faz nascer para a vida nova em Cristo.

_____: quem é ungido no peito recebe força e proteção.

_____: luz do Cristo ressuscitado; simboliza a fé que deve iluminar a nossa vida.

_____: representa vida limpa; é o símbolo da vida nova. Para conservá-la sem mancha, devemos evitar o pecado.

> O batismo é o sacramento da fé. É o nascimento espiritual dos que creem no Filho de Deus.

Parte III – Sugestões para revisão

3) Por meio do sacramento da Confirmação (Crisma), a pessoa recebe o Espírito Santo e seus dons. Descubra os sete dons no caça-palavras:

X	S	A	B	E	D	O	R	I	A	I	T
P	Q	O	T	A	S	Ç	Z	L	K	H	L
T	E	M	O	R	D	E	D	E	U	S	P
C	R	R	D	S	N	M	R	I	R	V	I
I	L	E	F	C	B	S	L	H	Q	P	E
Ê	P	F	O	R	T	A	L	E	Z	A	D
N	K	I	J	M	P	R	T	S	U	K	A
C	I	Z	L	T	P	H	D	S	P	R	D
I	T	Q	C	O	N	S	E	L	H	O	E
A	B	C	R	U	V	T	H	K	L	Z	I
V	I	O	K	L	M	O	U	X	V	E	X
E	N	T	E	N	D	I	M	E	N	T	O

O sacramento da Confirmação é dado aos cristãos como sinal de maturidade.

4) Complete:

Dentro de pouco tempo, você receberá o sacramento da _____. Jesus com seu _____ e _____ será seu alimento espiritual. Ele lhe dará forças para vencer as dificuldades e conquistar a cada dia a verdadeira felicidade, a qual você só encontrará junto dele.

Escreva, com suas palavras, o que você está sentindo neste momento importante de sua vida, em que logo receberá, pela primeira vez, Jesus na Eucaristia:

_____
_____
_____
_____

Iniciação na fé – Preparação para a Primeira Eucaristia (catequista)

> Da mesma forma que nosso corpo necessita se alimentar todos os dias, nossa alma também precisa se alimentar, constantemente, da Eucaristia. É importante receber a comunhão a cada missa.

5) Complete:

Na última ceia, _____ tomando o pão e o vinho em suas mãos, consagrou-os e disse: "Fazei isto em memória de mim". Conferiu assim, aos apóstolos e a todos os seus sucessores, o sacramento da _____ (sacerdócio). Após a sua ressurreição, deu-lhes o poder de _____ os pecados, de batizar a todos e de continuar no mundo a sua missão.

> Hoje os bispos, padres e diáconos, em união com o papa, conduzem o povo de Deus que é a Igreja.

6) Em que momento da vida as pessoas recebem o sacramento da unção dos enfermos?

_____

_____

> Este sacramento é para o alívio do sofrimento, o perdão dos pecados, a salvação do corpo e da alma e a cura física, se for da vontade de Deus.

7) O que você sabe sobre o sacramento da penitência ou confissão?

_____

_____

_____

_____

> O exame sério de consciência nos faz descobrir os nossos pecados e a dureza do nosso coração.

Parte III – Sugestões para revisão

8) Procure em sua Bíblia e escreva aqui os seguintes versículos: (1Jo 1,8-9)

_____

_____

_____

_____

9) Com suas palavras, construir uma oração de gratidão a Deus por tudo que você aprendeu na catequese:

_____

_____

_____

_____

Que o Espírito Santo o ilumine na sua 1ª confissão! Que a Eucaristia seja para você motivo de alegria e paz por receber Jesus em seu coração, Ele que é a fonte do amor e da vida!

PARTE IV

Celebrações

1

CELEBRAÇÃO DA ENTREGA DA PALAVRA

Nesta primeira celebração expressamos nossa alegria pela palavra que recebemos de Deus. Para os pais é muito importante transmitir esta palavra. Deus faz questão que a coisa mais importante em nossa vida seja ouvir a sua voz, para que possamos sempre andar no caminho certo. Podemos seguir muitos caminhos. Muitos colegas seguem outros caminhos. Será que eles são mais felizes? Nossos pais e nós escolhemos o caminho de Deus.

- Introdução geral
- Canto de entrada: "Ó portas levantai" – Sl 24(23)
- Invocação do Espírito Santo
- Introdução e Primeira leitura: Dt 6,4-15
- Canto: "Ouve, ó Israel" (Dt 6)
- Introdução e Segunda leitura: Is 55,1-13
- Canto: "Canto de Isaías" (Is 55)
- Introdução e Terceira leitura: At 13,13-39
- Canto: "Ressuscitou"
- Introdução e Evangelho: Jo 1,1-18
- Homilia

Rito da entrega da Bíblia

Conforme a possibilidade e o número das pessoas, o padre entrega a Bíblia ao catequista, o catequista aos pais e os pais aos filhos.

Iniciação na fé – Preparação para a Primeira Eucaristia (catequista)

Pe.: Recebe o livro da Palavra de Deus. Que ela seja luz para a tua vida.

- *Canto solene*: Amém
- *Oração da comunidade*
- *Pai-nosso*
- *Bênção*
- *Canto*: "A Palavra de Deus é a verdade" (Gelineau)

2

Celebração da inscrição do nome no livro da vida

No dia do meu batismo meu nome foi inscrito no livro da vida, que é a palma da mão de Deus. Eu quero que meu nome continue inscrito neste livro, como meus pais fizeram, ou não quero mais? Eu vou me apresentar como alguém que quer participar desta comunidade!

- *Canto de entrada*: "Eis-me aqui, Senhor" – Frei Fabreti
- *Introdução e Primeira leitura*: Ex 32,30-35
- *Canto*: Ez 36
- *Invocação do Espírito Santo*: "A nós descei, divina luz"
- *Introdução e Segunda leitura*: Dn 7,9-10
- *Canto*: Sl 87(86)
- *Introdução e Terceira leitura*: Ap 3,1-6
- *Canto*: Ap 3,1-6
- *Introdução e Evangelho*: Lc 10,17-20
- *Homilia*

Rito

Pai ou mãe:

Meu filho (minha filha), no dia do seu batismo, seu nome foi inscrito no livro de batismo da Paróquia _____

Iniciação na fé – Preparação para a Primeira Eucaristia (catequista)

Filho(a):

Eu, _____, quero agora participar da comunidade de _____ _____ em preparação à minha primeira comunhão.

Catequista anota o nome

Oração:

Pai amado e todo-poderoso, vós quereis restaurar todas as coisas no Cristo e atraís toda a humanidade para Ele. Guiai estes filhos e filhas da vossa Igreja e concedei que, fiéis à sua vocação, possam integrar-se no reino de vosso Filho e ser assinalados com o dom do Espírito Santo. Por Cristo, nosso Senhor.

- *Canto*: Amém
- *Oração da comunidade*: espontânea
- *Oração do Senhor*: Pai-nosso
- *Bênção final*
- *Canto*: Jo 1,35-39

3

Celebração do Diálogo sobre a Fé e a Vida Eterna

Nesta Celebração a Igreja nos faz refletir sobre o quanto já aprendemos este ano sobre a Palavra de Deus e quanto falta ainda. Deus quer que encontremos a cada dia a verdadeira felicidade, bem diferente daquela felicidade que nós imaginamos.

- *Introdução geral*
- *Canto de entrada*: Sl 86
- *Invocação ao Espírito Santo*
- *Introdução e Primeira leitura*: Dt 8,1-6
- *Canto*: "O povo de Deus"
- *Introdução e Segunda leitura*: Jr 31,29-34
- *Canto de Ezequiel*: Ez 36
- *Introdução e Terceira leitura*: Rm 8,28-38
- *Canto*: Rm 8,32-39
- *Introdução e Evangelho*: Mc 12,28-34

Rito

Diálogo:

Pe.: O que pedis à Igreja santa de Deus?

R.: A fé.

Iniciação na fé – Preparação para a Primeira Eucaristia (catequista)

Pe.: O que vos dá a fé?

R.: A vida eterna.

Pe.: A vida eterna consiste em conhecermos o verdadeiro Deus e Jesus Cristo, que Ele enviou. Ressuscitando dos mortos, Jesus foi constituído, por Deus, Senhor da vida e de todas as coisas, visíveis e invisíveis. Se vocês querem ser discípulos seus e membros da Igreja, é preciso que vocês sejam instruídos em toda a verdade revelada por ele; que aprendam a ter os mesmos sentimentos de Jesus Cristo e procurem viver segundo os preceitos do Evangelho; e, portanto, que vocês amem o Senhor Deus e o próximo como Cristo nos mandou fazer, dando-nos o exemplo.

Cada um de vocês está de acordo com tudo isso?

R.: Sim.

Pe.: Pai de bondade, nós vos agradecemos por estes vossos servos e servas, que de muitos modos inspirastes e atraístes. Eles vos procuraram e responderam na presença desta santa assembleia ao chamado que hoje lhes dirigistes. Por Cristo nosso Senhor.

- *Canto*: Sl 135
- *Oração espontânea*
- *Pai-nosso*
- *Bênção*

4

CELEBRAÇÃO DA CRUZ

Encontraremos em nossa vida muito sofrimento. Não podemos duvidar do amor de Deus por causa disto. Neste momento precisamos nos lembrar da cruz de Jesus. A cruz é o sofrimento que Deus permite em nossa vida para nos salvar.

- *Canto*: Sl 67(66); Gl 6,14
- *Introdução geral*
- *Invocação ao Espírito Santo*
- *Introdução e Primeira leitura*: Gn 45,3-8
- *Canto*: Sl 40(39)
- *Introdução e Segunda leitura*: Is 52,13-15; 53
- *Canto*: Is 53
- *Introdução e Terceira leitura*: 1Cor 1,17-25
- *Canto*: Rm 8,32-39
- *Introdução e Evangelho*: Jo 12,20-36

Rito

Cada um escreve num papel o que hoje, na sua vida, é uma cruz. Depois sobe para o altar, onde coloca o papel numa caixa.

O catequizando, no meio dos pais, se coloca diante do celebrante. Este traça na testa do catequizando o sinal da cruz, e pede aos pais para fazerem a mesma coisa. Ele diz:

Iniciação na fé – Preparação para a Primeira Eucaristia (catequista)

Cel.: Recebe na fronte o sinal da cruz: o próprio Cristo te protege com o sinal de sua vitória. Aprende a conhecê-lo e segui-lo.

- *Canto*: "Vitória, tu reinarás!"
- *Oração espontânea*
- *Pai-nosso*
- *Bênção*
- *Canto*: "Bendita e louvada seja"

5

CELEBRAÇÃO DA LUZ
Lucernário

Andamos um bom caminho neste ano. Já deu para perceber quanto a Palavra de Deus é luz em nossa vida. Esta luz recebemos por meio de um sinal que é a vela acesa. Vamos tentar sempre deixar esta luz acesa em nossa vida.

- *Introdução geral*
- *Canto*:

   Cel.: Eis a luz de Cristo.

   Todos: Demos graças a Deus.
- *Introdução do celebrante*
- *Invocação do Espírito Santo*: "A nós descei divina luz"
- *Introdução e Primeira leitura*: Ex 13,17-22
- *Canto* : "Salve luz eterna" (Alberto Esmanhoto)
- *Introdução e Segunda leitura*: Is 9,1-3
- *Canto*: Is 9,1-5
- *Introdução e Terceira leitura*: 1Jo 1,1-7
- *Canto*: Sl 26
- *Introdução e Evangelho*: Jo 8,12.32-33
- *Homilia*

Iniciação na fé – Preparação para a Primeira Eucaristia (catequista)

Rito

Pe.: As velas acesas que vossos pais vão colocar em vossas mãos são o símbolo da fé em Jesus Cristo. É com a luz da fé que ireis iluminar os caminhos da vida, afastando as trevas e todo mal.

Cada pai, pessoalmente, vai acender a vela no círio pascal e entregá-la a seu filho, dizendo:

Recebei a luz de Cristo!

- *Canto*: "Vem, Espírito Santo, vem, vem iluminar!"
- *Orações espontâneas*
- *Pai-nosso*
- *Bênção*
- *Canto final*: Jo 1,1-18 (Reginaldo Veloso)

6

Celebração da Renovação das Promessas do Batismo

- *Introdução geral*
- *Canto*: Sl 136(135)
- *Entrada e invocação ao Espírito Santo*
- *Introdução e Primeira leitura*: Rm 6,3-11
- *Canto*: Sl 27(26)
- *Introdução e Evangelho*: Mt 5,13-16
- *Homilia*

Depois da Homilia

Catequizando: No dia do nosso batismo recebemos de Cristo a vida da graça e a luz da fé. Sabemos que, naquela ocasião, o padre nos fez uma série de perguntas, e nossos padrinhos responderam por nós. Agora, nós mesmos podemos responder: É a renovação do nosso batismo.

Catequista: Diante da comunidade paroquial aqui reunida, em nome de quem nos dedicamos à preparação destes catequizandos à Primeira Eucaristia, testemunhamos que eles adquiriram os primeiros conhecimentos de religião. Eles já possuem a consciência de serem filhos de Deus e membros da Igreja. Eles têm o desejo de participar da missa, alimentando-se da Eucaristia. É preciso que estes catequizandos, apoiados pelos pais, aprofundem mais ainda o conhecimento e a vivência que

Iniciação na fé – Preparação para a Primeira Eucaristia (catequista)

adquiriram. Agora vocês, pais, vão acender a vela, símbolo de sua fé, e entregar a seus filhos. Depois os filhos, com a vela acesa na mão, vão fazer a sua profissão de fé, renovando as promessas do batismo.

Os pais

Neste momento, os pais recebem a vela acesa e a entregam aos seus filhos, dizendo: Recebam a luz de Cristo!

Padre: Caríssimos catequizandos, vocês foram batizados em nome do Pai, do Filho e do Espírito Santo. No dia do seu batismo vocês se tornaram filhos de Deus, irmãos de Jesus Cristo, templos do Espírito Santo e membros da Igreja. Vocês querem mesmo agora renovar as promessas do seu batismo?

Catequizandos: Sim, quero.

Cel.: Vocês querem ser amigos de Jesus em todos os dias de sua vida?

Catequizandos: Sim, quero.

Cel.: Mas, quem quer ser amigo de Jesus não pode querer o mal, o pecado. Vocês prometem evitar sempre o pecado?

Catequizandos: Sim, prometo.

Cel.: Vocês prometem fazer sempre a vontade do Pai do céu?

Catequizandos: Sim, prometo.

Cel.: Vocês prometem seguir sempre os ensinamentos de Jesus Cristo?

Catequizandos: Sim, prometo.

Cel.: Vocês prometem escutar a voz do Espírito Santo em sua vida?

Catequizandos: Sim, prometo.

Cel.: Vocês creem em tudo aquilo que Jesus nos ensinou pela sua Igreja?

Catequizandos: Sim, creio.

Parte IV – Celebrações

Cel.: Vamos então, todos juntos, cantando a uma só voz, fazer solenemente a nossa profissão de fé:
- *Canto*: Creio
- *Oração espontânea*
- *Pai-nosso*
- *Bênção e Salve Rainha*

Conclusão

Catequista,

Você chegou ao final de uma etapa muito importante na vida do catequizando. Ele nunca mais vai se esquecer de você, que foi o(a) catequista que o preparou para a Primeira Eucaristia. Foi também o trabalho mais importante que você realizou em sua vida. Você levou um catequizando à fonte da vida, Jesus Cristo presente na Eucaristia. Podemos só agradecer a Deus por esta graça. Mas você sabe também que ele tem ainda um grande caminho pela frente. É importante, então, mostrar aos catequizandos, já adolescentes, com a palavra e exemplo, que é preciso dar mais passos na vida. É importante mostrar-lhes outros caminhos na comunidade, como a pastoral da catequese da perseverança, a pastoral da juventude, ou outros grupos, movimentos e pastorais, onde ele, depois da Primeira Eucaristia, possa iniciar e continuar uma vida eucarística. Parabéns por seu trabalho!

Pe. Paulo e equipe

Referências

Bíblia de Jerusalém. São Paulo: Paulus, 1996.

Catecismo da Igreja Católica. Petrópolis: Vozes, 1993.

CENTRO CATEQUÉTICO DIOCESANO DE OSASCO (Diocese de Osasco). *Catecriando I* – 30 dinâmicas de grupo para catequese. 4. ed. São Paulo: Paulus, 1994 [Cadernos Catequéticos, n. 3].

_____. *Educação da fé*: Gênesis 1–11. Formação de catequistas e catequese de adultos. 3. ed. São Paulo: Paulus, 1994 [Cadernos Catequéticos, n. 2].

DIOCESE DE PIRACICABA. Apostila: "Nossa conversa com Jesus" [Parábolas do Reino de Deus].

HAENRAETS, Pe. Paulo. *Iniciação na fé* – Um caminho para a catequese familiar. Petrópolis: Vozes, 2003.

CULTURAL
Administração
Antropologia
Biografias
Comunicação
Dinâmicas e Jogos
Ecologia e Meio Ambiente
Educação e Pedagogia
Filosofia
História
Letras e Literatura
Obras de referência
Política
Psicologia
Saúde e Nutrição
Serviço Social e Trabalho
Sociologia

CATEQUÉTICO PASTORAL
Catequese
Geral
Crisma
Primeira Eucaristia

Pastoral
Geral
Sacramental
Familiar
Social
Ensino Religioso Escolar

TEOLÓGICO ESPIRITUAL
Biografias
Devocionários
Espiritualidade e Mística
Espiritualidade Mariana
Franciscanismo
Autoconhecimento
Liturgia
Obras de referência
Sagrada Escritura e Livros Apócrifos

Teologia
Bíblica
Histórica
Prática
Sistemática

REVISTAS
Concilium
Estudos Bíblicos
Grande Sinal
REB (Revista Eclesiástica Brasileira)
SEDOC (Serviço de Documentação)

VOZES NOBILIS
Uma linha editorial especial, com importantes autores, alto valor agregado e qualidade superior.

PRODUTOS SAZONAIS
Folhinha do Sagrado Coração de Jesus
Calendário de mesa do Sagrado Coração de Jesus
Agenda do Sagrado Coração de Jesus
Almanaque Santo Antônio
Agendinha
Diário Vozes
Meditações para o dia a dia
Encontro diário com Deus
Guia Litúrgico

VOZES DE BOLSO
Obras clássicas de Ciências Humanas em formato de bolso.

CADASTRE-SE
www.vozes.com.br

EDITORA VOZES LTDA.
Rua Frei Luís, 100 – Centro – Cep 25689-900 – Petrópolis, RJ
Tel.: (24) 2233-9000 – Fax: (24) 2231-4676 – E-mail: vendas@vozes.com.br

UNIDADES NO BRASIL: Belo Horizonte, MG – Brasília, DF – Campinas, SP – Cuiabá, MT
Curitiba, PR – Fortaleza, CE – Goiânia, GO – Juiz de Fora, MG
Manaus, AM – Petrópolis, RJ – Porto Alegre, RS – Recife, PE – Rio de Janeiro, RJ
Salvador, BA – São Paulo, SP